Sabine Vetter

Holpern, Stolpern Weitergehen

Vier Probleme, mit denen Sie nicht länger leben müssen

D1925174

BRUNNEN
VERLAG GIESSEN · BASEL

© 2003 Brunnen Verlag Gießen
Lektorat: Petra Lütjen
Umschlagmotiv: Mauritius, Mittenwald
Umschlaggestaltung: Ralf Simon
Satz: Brunnen DTP
Druck und Bindung: Ebner & Spiegel, Ulm
ISBN 3-7655-3739-X

INHALT

Ein persönliches Wort zu Beginn

Wie sieht eigentlich mein Leben aus? Mein Lebensgefühl? Ist es ein „In-den-Tag-hinein-Leben“, eher ein „Von-einem-Tag-zum-anderen-Retten“ oder gar das „Ums-Überleben-Kämpfen“?

Zugegeben, gerade die letzte Formulierung klingt krass. Aber so oder ähnlich habe ich mich in bestimmten Lebensphasen gefühlt. Überleben bedeutete für mich, nicht seelisch zugrunde zu gehen oder als ein psychisches Wrack zu enden – und zwar in dem Gefühl, dem schon gefährlich nahe zu sein. Immer wieder und immer häufiger merkte ich, dass ich über Situationen oder sogar Menschen „stolperte“, die mich scheinbar auf meinem Weg aufhalten wollten.

Dann gab es auch wieder Zeiten, in denen alles einigermaßen glatt lief – für eine Weile. Dann war „es“ plötzlich wieder passiert. – Diesem Phänomen musste doch auf den Grund zu kommen sein!

Ich machte mich also auf die Suche nach den Ursachen, nach diesen Stolpersteinen. Und ... ich begann, meinen Störfaktoren auf die Schliche zu kommen. Ein Weg mit vielen guten Entdeckungen!

Ganz nebenbei fiel mir auf: „Mein“ Thema war und ist das Thema vieler Frauen und Männer. Mit meiner Geschichte stehe ich nicht alleine da.

Wenn ich in diesem Buch nur einige dieser Störfaktoren aufzähle, dann heißt das nicht, dass es nicht noch andere gäbe! Das, was ich beschreibe, sind einfach die „Steine“, über die ich selber am allermeisten gestolpert bin.

Nun schreibe ich dieses Buch im Blick auf meine ganz persönliche Geschichte, aber auch als mögliche Hilfe für diejenigen, die noch auf der Suche sind und die ihre Situation nicht als ausweglos akzeptieren wollen – und es auch nicht müssen!

Ich möchte Mut machen, den eigenen Stolpersteinen auf die Spur zu kommen und sie zu erkennen, ja geradezu zu entlarven. Damit verlieren sie ihren Schrecken im Alltag und machen Platz in meinem Gefühlsleben – für einen neuen Lebensmut und eine neue Lebensqualität! Eine Veränderung, die Menschen, die mich kannten und kennen, feststellen können.

Ich will hier keine Details nennen – zu denen kommen wir später ...

Teil I:

Hilfe, ich bin gestolpert – aber warum und worüber nur?

Meistens beginnt es mit einem unguten Lebensgefühl: Da ist etwas in meinem Leben, mit dem ich nicht zurechtkomme. Da gibt es einfach immer wieder Situationen, die ich nicht mal so eben bewältige. Ereignisse überrollen mich, ja machen mich fertig. Und am Schluss habe ich das Gefühl, am Boden zu liegen, völlig zerstört, kaum in der Lage, wieder aufzustehen.

Etwas hat mich hingestreckt. Ich bin gestolpert; nicht nur das, ich bin auch gefallen. Und nun liege ich da und spüre den Schmerz in mir, in meiner Seele.

Warum bin ich hingefallen und warum spüre ich diesen Schmerz?

Auch die Frage, ob das eigentlich sein muss, dass ich immer wieder am selben Punkt stolpere, habe ich mir immer wieder gestellt. Ich fühlte mich wie ein Kind, das sich immer wieder dieselbe Stelle am Knie aufschlägt, sodass die Wunde überhaupt nicht heilen kann.

Unwillkürlich überlege ich, ob sich das Stolpern überhaupt vermeiden lässt – wohl kaum, oder?

Aber vielleicht lässt sich doch wenigstens das Hinfallen verhindern!

Und wenn es dann trotzdem einen „Sturz“ gegeben hat – wie kann ich wieder aufstehen? Wie kann es nach einem Fall mitsamt der Verletzung weitergehen?

Und die letzte Frage: Wie kann die Wunde heilen?

Um all diesen meinen brennenden Fragen auf die Spur zu kommen, habe ich versucht zu beobachten, wie ich mich verhalte, nachdem ich gestürzt bin. Das Stolpern ist also bereits geschehen, der Fall ebenfalls, mein Inneres liegt am Boden. Welche Gefühle tauchen dann in mir auf? Was hält mich am stärksten gefangen und zieht mich „runter“?

Vielleicht kommt Ihnen ja das eine oder andere bekannt vor ...

1. Selbstmitleid

Was ist Selbstmitleid?

> „Immer sind alle gegen mich! Ich setze mich so ein für jeden – und was habe ich davon? Nur Undank. Wer merkt denn schon, wie hart ich arbeite, worauf ich verzichten muss zugunsten anderer und wie ich dann auch noch mit Füßen getreten werde?! Zum Heulen ist das! Ich hatte mich so auf das Fest gefreut, und nun kann ich nicht dabei sein, weil ich am Ende bin! Ich hätte es eigentlich wissen müssen. Nun habe ich wieder Migräne! Wer weiß denn schon, wie

furchtbar das ist. Und niemand fragt nach mir! Hach! Die werden es wahrscheinlich nicht mal merken, wenn ich nicht komme! Warum auch. Ja, alles mit vorbereiten, das darf man, dazu ist man gerade gut genug, dazu wird man geholt. Aber jetzt kümmert sich niemand, fragt keiner, wo ich denn bleibe! Sie könnten wenigstens anrufen! Warum soll ich mich denn immer melden! Das kenne ich! So ist das immer! Und dabei geht es mir so schlecht, so schlecht ..."

Kennen Sie das auch? Wie viele Sätze dieses Selbstgesprächs hatte ich nicht schon selbst gedacht. Da habe ich mich so intensiv auf eine bestimmte Situation vorbereitet, habe geplant, gearbeitet, geholfen ... und was ist dabei herausgekommen? Nichts als Missachtung (keiner fragt nach mir!), womöglich sogar Kritik, sicherlich zu wenig Lob und Anerkennung. Wie gehe ich damit um?

Gar nicht so wenige Menschen reagieren auf Missachtung und Kritik mit *Selbstmitleid*. Wenn ich meine Selbstgespräche „abhöre", muss ich feststellen: Meine Worte werden meist immer verabsolutierender, schärfer, alles kommt mir aussichtslos vor. Es scheint keine Lösung zu geben:

„Was glaubt die eigentlich, wer sie ist? Mir einfach auf den Kopf zuzusagen, dass ich keine Ahnung davon hätte, wie man mit anderen Menschen redet? Was meint die eigentlich? Ich weiß sehr genau, was ich rede. Da soll die doch erst mal ihren eigenen Worten zuhören! Nicht besonders nett, was sie da manchmal so von sich gibt! Ja, wenn ich genau überlege, ist es sogar meistens ziemlich beleidigend. Das macht sie mit Absicht! Natürlich nur, um mich vor den anderen bloßzustellen! Sie ist eigentlich ziemlich hinterhältig, wenn ich genau darüber nachdenke. Ja, und nicht nur das. Sie redet auch über andere. Sie klatscht, um es genau zu sagen. Schrecklich, diese Anbiederei bei den anderen Frauen. Nur, damit sie im Mittelpunkt steht! Wenn die anderen doch begreifen würden, dass sie eine Null ist! Meine Qualitäten sieht neben so einer Schnepfe natürlich keiner. Was soll ich da schon erwarten ...!“

So ein Selbstgespräch kann unendlich weitergehen. Der Vorteil ist natürlich, dass es letztlich niemand wirklich hört, was ich da so innerlich von mir gebe. Das heißt, ich kann alle mir zur Verfügung stehenden Schimpfwörter mit einbauen, sie sich steigern lassen ... die Möglichkeiten, mich in meine Gefühle hineinzusteigern, sind fast grenzenlos.

Ich habe immer wieder festgestellt, dass hier besonders für uns Frauen eine Gefahr besteht (aber auch Männer kennen Selbstmitleid!). Innerlich knöpfen wir uns eine Person vor, durchleben oder durchdenken eine Situation wieder und wieder, in der jemand ungerecht mit uns umgegangen ist – freilich der eigenen Meinung nach.

Ich frage mich: Bin ich mir eigentlich darüber

bewusst, was so ein Selbstgespräch, womöglich zum wiederholten Mal, mit mir „machen“ kann?

Welche Gedanken setzen sich da eigentlich in mir fest, was für ein Bild von anderen und von mir pflege ich da eigentlich innerlich?

Offen gesagt: Bis vor einigen Jahren gehörte Selbstmitleid für mich zu den gängigen Mitteln, mich selbst und andere unter Druck zu setzen und unglücklich zu machen. Irgendwann fing ich an zu merken, wie selbstzerstörerisch und ichbezogen mein Verhalten war. Es ist wahr: Selbstmitleid lässt mich den klaren Blick für die Realität verlieren, indem den Menschen, die anscheinend meinen Jammerzustand ausgelöst haben, von mir klammheimlich falsche Motive unterstellt werden.

In mir häufte dieses Reflektieren über eine Person oder eine Situation nur mehr und mehr Antigefühle und Wut auf. Wer Selbstmitleid kennt, weiß, wie weh es tun kann, bis hin zu körperlichen Schmerzen.

Es gibt aber auch eine andere Seite des Selbstmitleids. Eine Bekannte, die selber viel mit diesem Gefühl zu tun hatte, sagte einmal zu mir: „*Es ist ja so schön, wenn der eigene Schmerz dann endlich auch vom anderen wahrgenommen wird und ihn so in die Knie zwingt. Mit dieser Waffe gewinnt man jeden Kampf!*“

Das ist heftig, ja geradezu militant. So empfand ich diesen Satz zunächst. Und so extrem hätte ich es für mich auch nicht ausgedrückt. Doch nach einigem Nachdenken verstand ich, was sie damit eigentlich sagen wollte. Sie war einfach ehrlich gegenüber sich selbst und auch mir gegenüber. „Einen Kampf gewinnen“ – darum scheint es tatsächlich letztlich zu gehen.

Ich begann darüber nachzudenken, was dabei eigentlich vorgeht: Etwas verletzt mich, ich fühle mich zurückgesetzt, ja in die Defensive gedrängt. Ich empfinde einen Schmerz, den ich pflege und dem ich mich hingebe. Natürlich, ich habe ja auch das Recht dazu! Schließlich ist mir Unrecht geschehen!

Oft erwarte ich dann, dass ich getröstet werde – aber wehe dem, der es versucht! Er bekommt die ganze Bitterkeit des aufgewühlten Innenlebens vor den Kopf geknallt, bis er sich schließlich für meine Situation mitverantwortlich fühlt – und dann fühle ich mich endlich „gut“.

Zugegeben, so hätte ich es damals, als ich mittendrin steckte in diesem Meer von Selbstmitleid und anklagenden Selbstgesprächen, nicht formuliert. So kann ich es auch erst sagen, seit ich mir auf die Schliche gekommen bin. Meisten ist es erst im Rückblick möglich, ein wenig „neben sich zu stehen“ und mit Abstand die Situation klarer zu sehen.

Wie entsteht Selbstmitleid?

Oberflächlich betrachtet scheint ja die Situation schuld zu sein. Doch Selbstmitleid hat eine Wurzel. Und die liegt in mir selber.

Ein idealer Nährboden für Selbstmitleid ist eine negative Grundhaltung. Nun hätte ich zu keinem Zeitpunkt von mir gesagt, ich hätte eine negative Grundhaltung!

Wer meint so etwas auch schon von sich selber?! Wer zudem auch noch in der Überzeugung lebt, bewusst Christ zu sein, hat an sich den Anspruch, ein fröhliches Herz und Freude am Leben zu haben. – Doch wie sieht es innen drin aus? Bin ich eigentlich in der Lage, Ablehnung, Verletzungen und Kränkungen positiv zu verarbeiten? Kann ich das überhaupt? Kann das überhaupt jemand?

Die Wissenschaft weiß, dass unser Gehirn ein kompliziertes System zur Verarbeitung, Weiterleitung und Speicherung von Informationen ist. Man ist sich nicht ganz einig, ob nicht in unserem Gehirn sensible chemische Prozesse stattfinden, die – man höre und staune – *durch unser Denken* gesteuert werden. Ohne mich irgendeiner Theorie anschließen zu wollen – diese Überlegung bringt einen doch zum Nachdenken!

Wenn das tatsächlich so sein sollte, würde ein ständiges negatives Denken diese chemischen Prozesse ziemlich einseitig beeinflussen und aus dem Gleichgewicht bringen. Wir sagen auch: Da „stimmt die Chemie nicht mehr“. Und wo die Chemie nicht stimmt, können leicht auch Veränderungen im Körper (Krankheiten) auftreten – und das ist sicher keine reine Theorie!

Wie unterschiedlich reagieren wir Menschen doch auf Probleme. Wer kennt nicht mindestens einen Menschen, der – vielleicht auch aufgrund seiner Persönlichkeitsstruktur – permanent das große Unglück kommen sieht und auch voraussagt. Diese Person scheint förmlich zu erahnen, welche größeren Pannen sie ereilen könnten und werden. Sie lebt in einer ständigen Hab-acht-Haltung, um nur ja nicht unangenehm überrascht zu werden. Es ist kaum zu übersehen: Ihre Gedanken bewegen sich ziemlich einseitig im negativen Bereich, im negativen Denken.

Nun denke ich, dass es jedem Menschen immer mal wieder so geht, dass er Befürchtungen bezüglich einer vor ihm stehenden Situation empfindet und diese auch ausspricht. Oder dass ein Mensch zu ahnen glaubt, was geschehen könnte, wenn der Freund/ die Freundin diesen oder jenen Lebensweg einschlägt. Das ist hier nicht gemeint. Ich beobachte und meine das negative Denken, das zum Grundmuster des Denkens im Leben eines Menschen geworden ist. Wo das der Fall ist, hat das Auswirkungen.

Dauerhaftes negatives Denken, gekoppelt mit Selbstmitleid, lässt einen Menschen nicht nur unglücklich erscheinen, sondern hat aufgrund von psychosomatischen Zusammenhängen unter Umständen auch körperliche Krankheiten zur Folge. Viele Menschen empfinden sich hier in einer Lebenssackgasse, aus der sie oft aus eigener Kraft nicht mehr herausfinden.

Doch Selbstmitleid ist nicht nur vom psychologischen Standpunkt her selbstzerstörerisch, sondern auch von den Grundwerten und Maßstäben Gottes her, nach denen ich mich ausrichten möchte. Ich denke, dass Gott als mein Vater im Himmel mir diese Lebenssackgasse ersparen will. Das lese ich zumindest in den Worten, die ich in der Bibel finde: „Du sollst deinen Nächsten lieben wie dich selbst" (Matthäus 22,39). Das macht mir deutlich, dass Gott als mein Vater mir den Blick weiten will und eine positive Haltung zum anderen *wie (auch)* zu mir selbst gutheißt. In diesem Bibelvers ist sogar von Liebe die Rede. Wer liebt, ist auch in der Lage, Gutes zu tun und zu wünschen – sich selbst wie anderen. Und mit Liebe hat Selbstmitleid nun wirklich nichts zu tun! Bei ehrlichem Nachdenken wird niemand auf die Idee kommen, dass Selbstmitleid etwas ist, das einem so richtig gut tut. Darum will und muss ich dem Selbstmitleid keinen Platz mehr in meinem Leben einräumen. Durch mein Christsein ist mir also zusätzlich zu allen psychologischen Erklärungen deutlich geworden: Selbstmitleid ist nicht gut für mich. Es widerspricht dem Gebot Gottes, das er uns Menschen gegeben hat, weil er es gut mit uns meint, mit Ihnen und mit mir.

2. Neid

Wo erlebe ich Neid?

> „Die Inga, die ist anscheinend auf der Sonnenseite des Lebens geboren. Ihr gelingt einfach alles, wofür andere sich abmühen und dann

doch zu nichts kommen. Jetzt hat sie schon wieder so einen Glückstreffer gelandet. Vorsitzende unseres Frauenkomitees ist sie geworden! Diesen Job hätte ich mir eigentlich gewünscht. Habe lange genug dafür gearbeitet. Und jetzt wird sie gewählt! Natürlich, es ist immer dasselbe! Sie sieht besser aus, bewegt sich geschickter, kann gut reden, kann sich gut ins Rampenlicht rücken ... Man könnte aus der Haut fahren!"

Dieses Selbstgespräch bezeichnet einen weiteren Stolperstein, der mir persönlich das Leben lange schwer gemacht hat: den Neid.

Gerade Frauen kennen dieses Gefühl in den verschiedensten Schattierungen. Auch Männer kennen wohl so etwas wie Neid; bei ihnen ist das dann jedoch eher auf Dinge bezogen, habe ich den Eindruck. Da ich mich überwiegend mit Frauen über dieses Thema unterhalten habe, kommen auch die folgenden Beispiele aus dem eher weiblichen Bereich:

Da beneidet die Hausfrau und Mutter die Berufstätige um ihren abwechslungsreichen Job und die Single-Freundin um ihre Unabhängigkeit:

„Ja, wenn ich hier raus könnte, weg vom Haushalt und dem Kindergeschrei ... ich kann ja nicht mal einen Abend ins Kino gehen, ohne einen teuren Babysitter organisieren zu müssen. Und den können wir uns im Moment nun gerade gar nicht leisten!"

Die allein lebende Freundin wiederum kann dieses Gejammer nicht verstehen. Sie hätte lieber einen Stall voller Kinder samt dem dazugehörigen Mann und Kuschelwärme, die sie öfter vermisst, wenn sie nach Hause kommt, doch diese Lebenslage hat sich für sie nicht ergeben.

Auf der Dienststelle wird die Kollegin um ihre sprühende Vitalität beneidet, die ihr den scheinbar „besseren" Posten und damit natürlich auch das entsprechende Gehalt eingebracht hat („Kein Wunder, wenn man sich so beim Chef anbiedert ...!").

Die ältere Frau versucht verzweifelt, ihrer beginnenden Faltenbildung Einhalt zu gebieten, da sie mit dem bei uns herrschenden Schönheitsideal und der jüngeren (faltenfreien!) Freundin meint, Schritt halten zu müssen.

Die allein erziehende Mutter fragt sich, ob es an ihrem Kind oder an ihr liegt, dass immer noch kein Partner fürs Leben in Sicht ist (Hat doch da gerade kürzlich ihre in der gleichen Situation lebende Freundin den Glückstreffer gelandet! Warum die und nicht sie?).

Durch Gespräche mit einer ganzen Reihe von Frauen über das Thema Neid habe ich zusammenfassend festgestellt:

Die meisten Frauen sind neidisch auf andere Frauen, die in Gefühlsdingen „mehr" zu haben scheinen. Neid ist für Frauen ein individuelles Gefühl. Wenn sie über ihren Neid sprechen, stellen Frauen vor allem die Frage: Was ist bei mir schief gelaufen, wo habe ich Pech gehabt, wo reichen meine Fähigkeiten nicht aus? Den meisten Frauen fallen auf die Frage, worauf sie denn neidisch sind, keine materiellen Dinge ein, die sie unbedingt haben möchten, sondern eher Eigenschaften, die eigentlich jede auf ihre Weise haben könnte: Liebe, gelingende und gute Beziehungen, Zufriedenheit, Zeit, eine schöne Ausstrahlung.

Was ist Neid, wie entsteht Neid?

Die klassischen Lexikon-Definitionen setzen meist Neid mit Missgunst gleich. Im Brockhaus heißt es: „Neid ist ein gerichtetes, missgünstiges Gefühl gegenüber Einzelnen oder Gruppen wegen eines Wertes (Eigentum, persönliche Eigenschaften, Erfolg), dessen Besitz dem Neider nicht gegeben ist ... Die traditionelle Lehre zählt Neid zu den sieben Hauptsünden."

Nach meinen Beobachtungen und eigenem Erleben stelle ich fest, dass ich als Frau Neid tatsächlich eher eigenschafts- und personenbezogen als sachbezogen (eher männlicher Neid) erfahre. Beide Arten von Neidgefühlen sind aber ganz offensichtlich vorhanden.

Eine neidische Person hat ständig das Gefühl, übervorteilt zu werden. Da ist jemand anders, besser, hat mehr, lebt besser als ich. Er/sie hat etwas, das mir fehlt – warum auch immer.

Ein dauerhaftes Gefühl der Unzufriedenheit

macht sich breit. Das Schielen auf das, was der andere tut oder hat, wird zum Dauerstress. Der Neid wird beißend, vergiftet die Atmosphäre in Beziehungen, in Freundschaften, in Ehen. Er entspringt einem ewigen Gefühl des Zukurzkommens. Das Leben mit seinen Genüssen und Vorteilen scheint an diesem Menschen vorbeizulaufen. Für Christen gibt es unter Umständen auf geistlicher Ebene ein Neidgefühl:

> „Ich sehe doch, dass der Helmut ein nicht so ganz einwandfreies Leben vor Gott führt. Er erlaubt sich Freiheiten, die ein wahrer Christ sich nicht nehmen sollte. Und dann immer diese Erlebnisse mit Gott. Gott hätte ihn hier beschenkt und da gesegnet ... Das kann man ja gar nicht mit anhören. – Und ich? Ich bemühe mich so sehr um ein gutes geistliches Leben, und dann kommt irgendwie so wenig dabei heraus! Sieht Gott denn nicht meine Bemühungen? Warum erlebe ich nicht diese vielgerühmten Segnungen? Helmut scheint alles nur so zuzufallen ..."

Die Folge von solchen oder ähnlichen Überlegungen ist oft – Bitterkeit. Wie viele bitter gewordene Menschen gibt es, auch unter Christen! Ich habe nicht bekommen, was ich mir gewünscht habe, das Leben hat mich enttäuscht, Menschen haben mich verlassen, kümmern sich nicht genug ... Alles Gedanken der Bitterkeit, entsprungen aus dem

Neidgefühl, dass andere es immer besser haben als ich, dass mir bestimmte Eigenschaften fehlen, die andere haben – warum auch immer.

Dieses Gefühl zieht meist Selbstmitleid nach sich, kann aber auch zu einer weiteren Falle führen:

3. „Falscher" Ärger, Wut und Zorn

Ärger und Zorn – menschliche Ausdrucksform und Grunderfahrung

Ärger und Zorn sind menschliche Empfindungen, bei denen es sich lohnt, ein wenig genauer hinzuschauen: Was ist eigentlich Zorn? Was ist Ärger? Was Wut?

Bereits in der Bibel ist von Zorn die Rede. Gott selber wird zornig. Nachzulesen nicht nur im Alten Testament. Auch in den Evangelien, den ersten vier Büchern des Neuen Testaments, gibt es Situationen, in denen wir erleben, dass Jesus zornig wird. Gary Chapman erkennt im Zorn Gottes eine Ableitung von Gottes Heiligkeit und Liebe: „Weil er die zerstörerischen Folgen der menschlichen Sünde kennt, wird Gott zornig. Weil es Gott um Recht und Gerechtigkeit geht (die beide seiner Heiligkeit und seiner Liebe entspringen), wird sein Zorn hervorgerufen. Wenn Gott also Böses sieht, wird er zornig. Mit Zorn reagiert er auf Ungerechtigkeit oder Sünde."[1]

Zorn hat also mit Gerechtigkeit zu tun. Da wir

Menschen „nach dem Bilde Gottes“ geschaffen sind, also die Spuren der Gottebenbildlichkeit in uns tragen, so schließt Chapman, ist es in uns Menschen angelegt, ebenfalls Zorn und Ärger zu empfinden, wenn wir auf Ungerechtigkeiten und Unordnungen treffen, quasi als Alarm-Signal. Das bedeutet, dass unser Ärger uns dazu bringen kann (und soll!), Situationen zu verändern und an Veränderungen zu arbeiten. Ohne Ärger, ohne Wahrnehmung von Missständen könnte dies nicht geschehen. Somit ist der Ärger, der Zorn als Wahrnehmung an sich nichts Negatives. Er trägt im Gegenteil etwas Kreatives und Aufbauendes in sich – wenn er

a) berechtigt ist – was jeweils zu überprüfen ist ... schließlich ist Irren menschlich ... und wenn er
b) auch für diese Zwecke eingesetzt wird.

Der letzte Satz macht aber vielleicht bereits deutlich, dass genau diese Kreativität – vorsichtig formuliert – nicht unbedingt immer vorhanden ist. Ich lasse es vielmehr oft genug zu und realisiere nicht, dass mein Ärger aus einer einseitigen oder verzerrten Sicht der Dinge herrührt und dann leider eher zerstört als aufbaut. Es gilt also zu prüfen, Dinge objektiv sehen zu lernen – und dann zwischen berechtigtem und verzerrtem Ärger zu unterscheiden.

Ganz praktisch: Wann ärgere ich mich? An mir selbst stelle ich fest: Ich ärgere mich, wenn Dinge nicht so laufen, wie ich sie mir vorgestellt oder ausgemalt habe. Diesen Gefühlen läuft dann oft Selbstmitleid parallel; Neid und Eifersucht sind ebenfalls bekannte Begleiter. Ärger und Zorn sind immer sehr starke Gefühle. Sie lassen den Adrenalin-Spiegel in die Höhe schnellen, der Puls schlägt schneller, ja ich kann geradezu mein Herz rasen hören. An dieser Stelle entscheidet sich, wie sich mein Ärger ausdrücken wird.

Wenn Ärger sich staut und explodiert oder implodiert[2]

An anderer Stelle habe ich über die Zusammenhänge zwischen dem, was wir denken, und den chemischen Prozessen, die in unserem Gehirn dadurch ausgelöst werden, nachgedacht. Hier geht es um den inneren Prozess eines fehlgeleiteten Ärgers – also eines Ärgers, der gerade nicht bewirkt, was er bewirken soll, nämlich eine positive Veränderung. Hier also die „Fehlform“, wenn ich so sagen darf:

Ein eher extrovertierter zorniger Mensch fühlt sich kaum imstande, seine Reaktionen zu zügeln, keine unbedachten Handlungen zu vollziehen, noch weniger, unbedachte Worte zu sagen. Körperliche Reaktionen werden sichtbar. Wir sagen: „Seine Halsschlagader schwillt an“ oder auch: „Dem platzt gleich der Kragen!“ Hinzu kommt meist der Ton, die Lautstärke, die dann ebenso wenig zu kontrollieren ist. Wir sagen auch: „Er explodiert ja fast!“ oder auch: „Sie ist mal wieder explodiert!“

Bereits diese Aussprüche machen deutlich, dass es hier um eine ganz bestimmte Form des Ärgers geht, nämlich den explosiven Ärger. Er drückt sich sowohl in Worten als auch in Taten aus und ist daher auch am leichtesten zu erkennen beziehungsweise zu entlarven. Unkontrollierter explosiver Zorn kann zu Misshandlungen und stark aggressivem Verhalten führen. Diese Reaktion auf die Wahrnehmung von Ärger hat mit „Gerechtigkeit" dann nicht mehr viel zu tun, sondern ist eine ungute Reaktion auf den Ärger, die keiner Sache und keinem Menschen dient – keine akzeptable Art, mit seinem Ärger umzugehen.

Eine zweite Fehlform, Zorn auszuleben, ist nach innen zu explodieren – also zu implodieren. Da wird der „heruntergeschluckte" Ärger zur inneren Wut aufgestaut – nach außen oft lange Zeit vollkommen unsichtbar, weil es sich eben im Inneren eines (meistens vom Typ her eher ruhigen) Menschen abspielt. Diese Frauen und Männer behaupten daher auch schnell, dass sie sich gar nicht ärgern würden.

Auch wenn sie es selbst vielleicht nicht wahrnehmen: Auf lange Sicht ist diese Art, mit Ärger umzugehen, genauso zerstörerisch und wenig produktiv wie die, zu explodieren. Die Signale: Der Mensch zieht sich zurück, grübelt, führt lange Selbstgespräche; das hat auf die Dauer oft eine wachsende Bitterkeit zur Folge, gegen sich selbst, gegen andere, gegen Gott und das Leben überhaupt. Chapman sieht darüber hinaus auch in vielen Hassgedanken und Abneigungen gegen Menschen implosiven, also versteckten Ärger.

Wie gesagt, auch wenn dieser Umgang mit Ärger nach außen hin moderater wirkt und gesellschaftlich „akzeptierter“ ist, ist er ebenso zerstörerisch wie der laute Ausbruch.

Kurz gesagt: Wenn ich darüber nachdenke, warum ich mich überhaupt ärgere, dann ist es gut zu wissen, dass Ärger und Zorn an sich nichts Verwerfliches ist, aber dass ich näher hinsehen sollte, wie ich mit meinem Ärger umgehe.

Warum raste ich in meinem Ärger manchmal aus?

Es gab in meinem Leben eine Phase, in der ich permanent mit unseren Kindern herumschrie. An Lautstärke mangelte es damals nicht in unserem Haus. Ich frage mich heute manchmal, was wohl damals die Nachbarn gedacht haben. Damals fragte ich mich das nicht. Es war eine Zeit, in der ich ausgebrannt war, mich hilflos fühlte und überfordert war durch unsere Familiensituation. Eigentlich war ich permanent wütend, vielleicht am meisten auf mich selber.

Ich war damals im 8. Monat mit unserem fünften Kind schwanger, unser fast Zweijähriger hatte eine Brüll-Trotz-Phase, die drei größeren Kinder forderten ebenfalls ihr Recht, unser Haus wurde renoviert mithilfe von Freunden, die ich während ihres täglichen Arbeitseinsatzes bei uns mit Essen versorgte, das Haus selber war eine Baustelle mit Dauerdreck und Dauerchaos ... mit meinen Nerven war ich ziemlich am Ende. In dieser Zeit hatte ich es mir angewöhnt, meiner Gereiztheit durch Lautstärke Luft zu machen, übertönte dabei auch noch unseren ständig schreienden Jüngsten, was alles noch zuspitzte, und tat das so lange, bis eines Tages unser damals Vierjähriger bedächtig formulierte: „Mama, ich finde, Frauen, die ein Baby im Bauch haben, sollten nicht so mit kleinen Kindern herumschreien."

Da hatte ich es! Diese weise Kinderfeststellung fiel tief in meine geplagte Seele und war der zarte Beginn einer Neuorientierung. Ich verstand auf einmal, dass mein Verhalten ja auch eine Vorbildfunktion für unsere Kinder hatte. Sie reagierten darauf mit auffallend viel Zank untereinander, was mich nur wütender machte und meine Lautstärke zunehmen ließ – ein Teufelskreis. Dadurch wurde nichts, aber auch gar nichts besser.

Darum entschied ich: So konnte es nicht weitergehen. Die gesamte Familie litt unter dieser Atmosphäre. Sicher, ich war total überfordert, hatte den Überblick verloren und nichts lief so, wie ich es mir vorstellte. Doch rechtfertigte das mein Verhalten?

So begann ich mich zwei Dinge zu fragen:

1. *Warum werde ich eigentlich in bestimmten Situationen immer wieder derart ärgerlich? Und:*
2. *Warum muss ich dann schreien?*

Ich suchte mir Hilfe in Gesprächen mit Frauen, die Ähnliches erlebt hatten. Gemeinsam überlegten wir, wie es bei uns immer wieder zu solchen unschönen und unguten Situationen kam und was wir dabei an uns beobachtet haben.

Wir stellten fest: Wenn wir uns ärgern, dann gibt es dafür meistens zwei mögliche Gründe:

- Eine Situation oder eine Aussage ist objektiv ungerecht oder verkehrt, oder:
- Eine Situation oder Aussage ist „nur“ nicht so, wie sie meinen Vorstellungen entspricht.

Eine objektiv ungerechte Situation lässt sich vielfach auch mit Hilfe anderer gemeinsam angehen, jedenfalls meiner Erfahrung nach. Damit bin ich mit meinem Ärger weniger allein, und gemeinsam können Missstände (hoffentlich) geändert werden. Diese objektiv verkehrten oder ungerechten Situationen waren auch nicht so sehr das, was den anderen und mir Kopfzerbrechen bereitete.

Wir stellten fest, dass unser Alltags-Ärger viel eher von etwas anderem geprägt wurde: Die Dinge waren einfach nicht so, wie wir sie uns wünschten, nach dem Motto: „So habe ich mir das *nicht vorgestellt!*“

Festzuhalten war also: Wenn die Verhaltensweise eines anderen nicht mit unseren Vorstellungen, unseren Prinzipien übereinstimmt, wenn etwas schief geht oder sich anders entwickelt, als wir es uns ausgemalt haben, werden wir ärgerlich und wenn sich das alles aufstaut, vielleicht sogar wütend.

Dieses Gefühl erleben wir alle unterschiedlich. Die einen veranlasst ihr „gesammelter Ärger" eher dazu, sich in ihren Schmollwinkel zurückzuziehen und nach außen hin ihre Wut zu unterdrücken, die anderen machen ihrem eher cholerischen Temperament alle Ehre und lassen alles raus, wieder andere sind einfach launenhaft und unausgeglichen und gewöhnen sich einen bestimmten Stil im Umgangston an, der auch nicht sehr hilfreich ist. Bei aller Unterschiedlichkeit sind die Auswirkungen unseres Wutausbruches ähnlich: Sie vergiften das gute Miteinander, ja uns selbst.

Und warum „muss" ich dann schreien?

Diese Frage war nicht ganz so einfach zu beantworten. Das Schreien drückte das Explosive meiner Wut aus. Ich machte mir Luft, ja vielleicht versuchte ich sogar, meine aufgestauten Gefühle so explosionsartig loszuwerden. Lautstärke in (zu) hohem Maße hat aber auch etwas Betäubendes.

Das Fatale: Ich konnte an mir selbst beobachten, dass ich, während ich meiner Stimme (und meiner Stimmung) durch Lautstärke Nachdruck verleihen wollte, innerlich neben mir stand und mich sogar beobachtete. Nur eines konnte ich damals nicht: mich stoppen. Wozu auch?! Obwohl ich immer wieder an die Volksweisheit dachte: „Wer schreit, ist von vorneherein im Unrecht", tat ich genau das.

Anschließend fühlte ich mich auf der einen Seite erleichtert, auf der anderen Seite aber auch unfähig. Denn ich konnte mich ja nicht beherrschen. Und diesen Anspruch hatte ich eigentlich an mein Verhalten.

Ich fand damals in der Bibel einige nützliche Hinweise, die mich darauf aufmerksam machten, wie ich mit Ärger oder Zorn umgehen sollte, am besten gleich beim „ersten Anflug“:

„Versündigt euch nicht, wenn ihr in Zorn geratet“, steht da z.B. in Epheser 4,26a.

Das bedeutet wieder, wie bereits zu Beginn festgestellt, dass Ärger und Zorn berechtigterweise auftauchen können – und dass es dann aber darauf ankommt, wie ich damit umgehe.

Das heißt, es liegt an mir, ob der Zorn für mich zum Signal wird, also zum Markstein („Aha, hier muss ich aufpassen, hier gibt es möglicherweise eine objektive Ungerechtigkeit, der auf den Grund gegangen werden muss – oder täusche ich mich?“) *oder* ob er zum Stolperstein wird.

Praktisch bedeutet das: Es ist nicht richtig, meinem Ärger einfach ungezügelt seinen Lauf zu lassen, dafür ist er nämlich nicht gedacht. Es gilt vielmehr einen Weg zu finden, der die Ursachen des Ärgers möglichst klärt – und dabei weder mich noch andere hinfallen lässt und/oder verletzt.

Das bedeutet z.B., sorgsam auf meine Worte zu achten, die ich im Zorn benutze. Im gleichen Kapitel 4 des Epheserbriefes steht im 29. Vers: *„Lasst kein giftiges Wort über eure Lippen kommen ...“*

Na bitte, das kommt dann ja leider auch oft genug bei mir vor: Wenn schon nicht lautstark, dann gibt es noch eine andere Methode, meinem Zorn sehr wirksam Ausdruck zu verleihen, nämlich durch giftige Worte, beißende Ironie, Sticheleien und niedermachende Wörter. Im Verlauf des Kapitels im 31. Vers lese ich: „*Weg also mit aller Verbitterung, mit Aufbrausen, Zorn und jeder Art von Beleidigung! Schreit einander nicht an. Legt jede feindliche Gesinnung ab.*"

Diese Worte haben mir deutlich gemacht, wie wichtig es in Gottes Augen ist, dass ich auf die Art achte, wie ich mit anderen umgehe.

Inzwischen weiß ich: Ich kann wesentlich mehr zerstören, als ich denke. Das betrifft natürlich nicht nur die Familie, wie in meinem Fall, sondern jeden zwischenmenschlichen Kontakt. Die Beziehungen werden belastet und zusehends schwieriger, wenn wir uns zu wie auch immer gearteten Zornesausbrüchen hinreißen lassen.

4. Eifersucht

Wie ist das mit der Eifersucht?

„Eifersüchtig? Nein, ich bin nicht eifersüchtig." Klar, keiner will es sein. Entdeckt jemand bei sich dieses starke Gefühl, versucht er meistens, still dagegen anzukämpfen. Jeder weiß, Eifersucht wirkt lächerlich, und wer will sich schon lächerlich machen?

Sigmund Freud sagte über Eifersucht: „Die Eifersucht gehört zu den Affektzuständen, die man ähnlich wie die Trauer als normal bezeichnen darf. Wo sie im Charakter und im Benehmen eines Menschen zu fehlen scheint, ist der Schluss gerechtfertigt, dass sie einer starken Verdrängung erlegen ist und darum im unbewussten Seelenleben eine umso größere Rolle spielt... Über die normale Eifersucht ist analytisch wenig zu sagen." [3]

Doch starke Eifersucht kann ein quälendes und überwältigendes Gefühl sein: „Wie eine Stichflamme schießt es im Körper hoch und setzt Körper und Psyche in Flammen. Man ist schweißgebadet, der Magen verkrampft sich, das Herz rast, man glaubt, keine Luft mehr zu bekommen. Die Eifersucht hat die Betroffenen so in ihren Klauen, dass sie an nichts anderes mehr denken können und schließlich glauben, verrückt zu werden."[4]

An diesen beiden Zitaten wird bereits deutlich, dass Eifersucht zu einem sehr stark empfundenen Gefühl werden kann, das den Menschen beherrscht.

Manche Menschen betonen schnell, dass Eifersucht vor allem etwas mit Liebe zu tun hat. Ich möchte fragen: Ist das wirklich so?

Liebe beinhaltet Vertrauen. Wer liebt, hat Vertrauen, ist auf den anderen, den Partner ausgerichtet. Und eine „gesunde" Liebe kann nur entstehen, wenn man sich gegenseitig einen gewissen Grad an Freiheit zugesteht. Liebe ist kein Zustand, der konserviert werden kann.

Eifersucht dagegen zeigt ein eher auf mich selbst gerichtetes Motiv. In mehr oder weniger extremen Ausdrucksformen stellt sie sich dar als ein Gefühl, das den anderen Menschen (z.B. den geliebten Partner) einengt und ihm die Luft zu nehmen droht. Er kann kaum etwas tun, ohne unter einer mehr oder weniger dezenten Art von Kontrolle oder Aufsicht zu stehen.

Der Eifersüchtige will den anderen nicht aus den Augen verlieren, um sicherzustellen, dass er selbst die Quelle der Zufriedenheit und des Glücks seines Partners ist und nicht irgendetwas oder irgendjemand anderes. Je näher und stärker ich als eifersüchtiger Mensch am anderen „dran bleibe", desto kräftiger drückt das meine Liebe aus, so die gängige Annahme eines oder einer Eifersüchtigen.

Doch laut Psychoanalytiker Wolf Jordan ist das ein gefährlicher Trugschluss, hat dieses „Dran-bleiben-Wollen" eher etwas mit persönlichem Besitzdenken und mit Verlustangst, also etwas behalten wollen, beziehungsweise der Angst, es zu verlieren, zu tun.[5]

Bei Kindern können wir oft Folgendes beobachten: Wenn Geschwisterkinder eifersüchtig werden, weil z.B. ein Baby in die Familie gekommen ist, dann deshalb, weil sich das große Kind nicht mehr beachtet fühlt, ja letztlich glaubt, das neue Kind würde ihm vorgezogen werden. Es hat das Gefühl, die Liebe der Eltern verloren zu haben. Dieses Kind muss dann von seinen Eltern besonders gestützt und positiv beachtet werden, um die Eifersucht *als Krise zu überwinden.*

Erwachsene eifersüchtige Menschen haben meistens auffallend hohe, oft regelrecht extreme Ansprüche an den Partner. Der eifersüchtige

Mensch glaubt, stets im Recht zu sein. Er ist fast wie ein Tyrann. Er kommandiert den Partner herum, als sei der sein Eigentum. Er kämpft verbissen und unerbittlich darum, den anderen für sich allein zu haben.

Wodurch entsteht Eifersucht?

In einer Befragung von 6500 amerikanischen Männern und Frauen zum Thema der allgemeinen Eifersucht fanden die Psychologen Peter Salovey und Judith Roin heraus, dass vor allem ein niedriges Selbstwertgefühl dazu beiträgt, dass Menschen zu starker Eifersucht neigen. Und das bedeutet ja: Die Ursache für dieses starke Gefühl liegt zunächst in dem Menschen, der die Eifersucht empfindet. Der eifersüchtige Mensch hat kein ausgeprägtes Selbstwertgefühl, findet sich selbst oft unattraktiv, hässlich, dumm, zu dick, nicht gesellschaftsfähig, sprachunfähig ... Wohlgemerkt, so „ist" dieser Mensch – seinem ganz subjektiven Gefühl nach. Mancher Freund wird erstaunt zurückfragen: „Wie bitte? Nein, so bist du gar nicht ...!" – und ein anderes Bild von ihm haben, das gar nicht so negativ ist.

Eifersucht hat also oft zu tun mit einem starken Minderwertigkeitsgefühl. Ein mangelndes oder auch nur schwach ausgebildetes Selbstbewusstsein ist die Wurzel. Wer eifersüchtig ist, hat sich daran gewöhnt, sich zu verurteilen und abzuwerten. Er macht seine Selbstachtung und seinen Wert als Mensch von der Bewertung durch andere abhängig.

Und so wird – in seiner Optik – dann auch der andere, sein Gegenüber, für seine Eifersucht „verantwortlich" gemacht. An seinem eigenen Fehlverhalten ist in seinen Augen der andere schuld.

Solche Eifersucht kann deswegen zum Stolperstein werden, weil sie den Eigenwert von anderen Menschen, die eigene Persönlichkeit vom Urteil anderer abhängig macht.

Damit an dieser Stelle kein Missverständnis entsteht: Wir alle sind in gewisser Weise von Menschen abhängig. Wir brauchen einander, um einander zu ergänzen und zu bereichern, wir brauchen Nähe, Bestätigung und Zuwendung. Dennoch muss Beziehung immer auch Freiheit für den anderen bedeuten. Niemand darf mir einfach zur Verfügung stehen, nur weil ich das so wünsche. Niemand darf mir so verpflichtet sein, dass er seelisch von mir abhängig ist. Das betrifft auch unsere Kinder.

Ich möchte einfach mal daran erinnern, wie viele Eltern, wie viele Mütter eifersüchtig sind, wenn (meistens ganz speziell!) die Söhne sich verheiraten möchten (Dasselbe gibt es auch in der Vater-Tochter-Beziehung, doch meiner Erfahrung nach nicht so ausgeprägt). Da tritt auf einmal eine andere Frau in das Leben des geliebten Sohnes. Ist es auch noch der einzige, kann die Sache zu einer kleinen Katastrophe auswachsen.

Eine junge Frau leidet auch nach fünf Jahren immer wieder unter der Eifersucht ihrer Schwiegermutter. Sie erlebt, wie diese ältere

Frau am Telefon nach ihrem Sohn verlangt, ohne vorher mit ihr, immerhin ihrer Schwiegertochter, plaudern zu wollen. Dabei könnte sie ja eigentlich bereits hier einige wichtige Informationen erhalten.
Die Schwiegertochter erlebt, wie ihre Schwiegermutter verlangt, dass der Sohn von der Arbeit aus bei seiner Mutter anruft, um „das Neueste“ zu erzählen. Und sie, die Ehefrau, erlebt, dass es größere Eifersuchtsszenen gibt, wenn die Erwartung der Mutter und Schwiegermutter nicht erfüllt wird. Sie trifft auf Misstrauen und Missachtung und kann ihrer Schwiegermutter nichts recht machen, egal, wie sehr sie sich anstrengt. Der jungen Frau wird durch dieses Verhalten deutlich signalisiert: Die Mutter hat die „älteren Rechte“ und der „Junge“ hat es halt bei der Mama viel besser gehabt ... Nicht gerade ermutigend für eine noch relativ junge Ehe. Im Gegenteil, die Beziehung zwischen den beiden Frauen wird zusehends problematischer ...

Eifersucht – ein Stolperstein, der Beziehungen zerstören kann. Sie soll den Betroffenen bewusst oder unbewusst dazu „dienen“, die Beziehung zu erhalten – doch sie bewirkt genau das Gegenteil: Sie zerstört. Sie zerstört den, der eifersüchtig ist, und den, auf den man eifersüchtig ist, aber auch den Dritten, der als der geliebte Mensch mit dieser Eifersucht gehalten werden soll.

5. Zusammenfassung

Sämtliche dieser „Stolpersteine“, sämtliche dieser negativen Gefühle haben Auswirkungen auf unsere Sicht der Dinge, Auswirkungen auf unsere Beziehungen und sie bringen unsere innere Chemie durcheinander, womöglich sogar irgendwann mit körperlichen Folgen. Was bedeutet, dass der ganze Mensch krank werden kann, an seiner Seele wie körperlich.

Und so frage ich mich, wie ich mit diesen Stolpersteinen umgehen kann, wenn ich sie schon nicht immer um-gehen kann – schließlich geht es um Lebensqualität, meine eigene und die der Menschen, deren Leben ich sonst vielleicht unnötig schwer mache. Ich glaube, dass Gott als der Schöpfer eine klare und gute Vorstellung davon hat, was für den Menschen, sein Geschöpf, gut ist. Dass er weiß, was für mich, Sabine Vetter, Leben bedeutet, ja letztlich erfülltes Leben ist. Nach dem, was ich in der Bibel dazu lesen kann, heißt das für mich konkret:

Ich will (und ich kann) mit mir selbst im Reinen sein beziehungsweise ins Reine kommen, zu meinen Mitmenschen gesunde Beziehungen aufbauen und pflegen und als Drittes die Beziehung zu Gott, meinem Schöpfer, suchen und pflegen (und das ist für mich vorrangig). Dann bleibe ich nicht an den Stolpersteinen hängen, sondern verstehe, warum geschieht, was geschieht, und ich komme dem näher, was Gottes Idee für mich und mein Leben ist.

Vielleicht haben Sie längst herausgefunden, worüber Sie selber immer wieder stolpern, ja auch immer wieder hinfallen. Ich schlage Ihnen vor, einen Moment innezuhalten mit dem Lesen und über Ihre eigenen Stolpersteine nachzudenken, sozusagen eine Bestandsaufnahme zu machen. Vielleicht haben Sie Lust, sich einige Stichpunkte gleich aufzuschreiben.

Danach wird es im nächsten Kapitel darum gehen, welche Folgen es hat, wenn ich immer wieder, ja vielleicht ständig über „dasselbe Problem" stolpere und zu Fall komme, wie sich das auf mein Leben auswirkt, wenn sich nichts ändert – und natürlich: wie sich etwas ändern kann.

Hier nun aber wie versprochen nach „meinem persönlichen Teil" – Raum und Anregungen für *Ihren* persönlichen Teil!

6. Nachdenken und Nachhaken

- Welcher ist mein persönlicher „Stolperstein"?

- Wo erkenne ich einige „Holper-Stolper-Situationen" in naher Vergangenheit, die mich hingestreckt oder doch zumindest empfindlich aufgehalten haben? (Wenn möglich, konkret aufführen, wie z.B. Wutanfall im Büro mit anschließender peinlicher Entschuldigungsarie, eine Woche lang nicht mit Cora geredet aufgrund von Kränkung und anschließenden Selbstgesprächen, die Cora in ein denkbar schlechtes Licht rückten u.ä.)

- Warum habe ich so gehandelt wie oben beschrieben? Welche immer wiederkehrenden Muster kann ich in meinem Verhalten erkennen? Gibt es auslösende Momente? (Am Beispiel des Wutanfalls im Büro: Welche Situationen oder Aussagen treiben mich zur „Weißglut"? Warum?)

Teil II

Stolpern hat Folgen oder: Von den Verletzungen und dem Umgang mit der verletzten Seele

1. Unzufriedenheit und negatives Denken

In der Zusammenfassung des ersten Teils habe ich darüber nachgedacht, was der Plan Gottes für unser und mein Leben sein könnte. Für mich habe ich erkannt, dass es wichtig ist, mit mir selbst, meinen Mitmenschen und Gott im Reinen zu leben. Auch wenn es schön wäre, wenn es gut wäre: In diesem Idealzustand befinde ich mich natürlich nicht immer – schon gar nicht, wenn ich gerade „gestolpert“ oder „hingefallen“ bin. Ich bin überzeugt, dass diese Suche nach dem Einklang von Körper, Seele und Geist und die Suche nach dem Einklang mit sich selbst, mit Gott und mit anderen Menschen in jedem von uns angelegt ist – und dass es Folgen hat für die ganze Persönlichkeit, wenn ich immer bei bestimmten „Fallen“ ins Holpern, Stolpern und vielleicht auch ins Fallen komme.

Permanente Unzufriedenheit, die sich ausdrückt in ungutem Umgangston, in negativem Reden – das ist oft das Erste, was ich feststelle (an mir selbst und auch anderen Menschen), „wenn's mal wieder kräftig holpert und stolpert". Dazu kommt häufig das Gefühl, nicht voranzukommen. Die verschiedenen Ereignisse des Tages wirken dramatischer, als sie sind, und alles scheint sich gegen mich zu verschwören.

All das ist eine Reaktion auf die verschiedensten Verletzungen, die ich erleide, unabhängig davon, ob sie durch die eigene Sicht entstehen oder durch andere verursacht werden.

Negatives Denken und Reden ist eine der häufigsten Reaktionen auf Enttäuschungen und entspringt einem bitter werdenden oder bitter gewordenen Herzen. Dazu einige Beispiele:

> Stellen Sie sich vor, Sie erwarten Besuch: Verwandte, Freunde, kurz: liebe Menschen. Wahrscheinlich werden Sie Ihr Haus, Ihre Wohnung aufräumen und es für die Gäste schön machen.
>
> Jemand, der eher negativ denkt, wird über diese zusätzliche Arbeit stöhnen. Sie wird ihm vor allem eine Last sein. Und bereits bevor der Besuch kommt, wird er daran denken, wie die Wohnung aussehen wird, wenn sie wieder gehen: Es wird bergeweise schmutziges Geschirr geben, das Bad, die Gästetoilette, müssen gleich anschließend wieder geputzt werden ... ach ja, Übernachtungsgäste ziehen ja

auch einen Extra-Wäscheberg an Bettwäsche und Handtüchern nach sich ... Eins nach dem anderen fällt Ihnen ein. Und Sie kommen an den Punkt, wo Sie sich wünschen, dieser Besuch hätte sich nie angesagt.

Oder Sie sitzen im Restaurant und warten auf Ihr Essen. Doch man lässt Sie warten. Das Lokal ist voll, bis auf den letzten Platz besetzt. Wer negativ denkt, beobachtet den Kellner mit Argusaugen: Hält der sich an die Reihenfolge? Ich war doch viel eher da als die Leute dort drüben! Die bekommen ja schon ihr Essen! Ja, ja, kleine Leute übersieht man gern. Aber das ist doch die Höhe! Jetzt bedient der noch dahinten! Also nein wirklich, ich bin doch schon lange dran! Na, dem werde ich was erzählen, wenn er kommt!

Könnten die gleichen Situationen aus einer ganz anderen Perspektive betrachtet nicht auch ganz anders aussehen?

Der Besuch – wie lange haben wir uns nicht gesehen, nicht in Ruhe geredet! Ich freue mich auf so liebe Leute. Ja, natürlich will das vorbereitet werden. Aber wenn ich an die Arbeit denke, die damit verbunden ist, dann in einer Form, in der ich empfinde, dass mir der Besuch die Mühe wert ist und das Zusammensein das mehr als aufwiegt.

Und die Restaurant-Szene? Jemand, der mit guten Gedanken essen geht, freut sich auf einen schönen, entspannten Abend. Er wird sich bequem zurücklehnen, seinen Gedanken nachhängen oder sich unterhalten – und nicht vor alldem ausrechnen, wann, wie schnell und vor wem er „dran ist". Der ganze Abend, der schöne Rahmen, der Genuss steht im Mittelpunkt, auch das vielleicht so seltene Für-sich-Zeit-Haben, deswegen lässt er sich nicht irritieren von eventuellen „Ungerechtigkeiten" in der Reihenfolge der Bedienung.

Beide Szenen wirken in der zweiten Version entspannter, geradezu gelöst und stressfrei. – Und wie sieht das in meinem Alltag aus?

Natürlich wird es mir in der einen oder anderen Situation mal so und mal so ergehen. Ich werde entsprechende Umstände mal locker, frei und positiv erleben und mal negativ. Der Grund dafür besteht aber nicht in erster Linie in den Umständen, sondern in *meinem* Denken, in *meiner* Vor-Einstellung und in *meiner* Sicht der Dinge:

Je nachdem, von welcher Seite ich die Sache betrachte, hat das Auswirkungen auf mein Lebensgefühl – also innerlich – und auf meine Art zu reden, Dinge und Menschen zu beurteilen – äußerlich.

Ich habe festgestellt: Nicht eine einzelne erlebte Situation (vielleicht an einem „schlechten Tag") bringt mich aus dem Tritt und in eine negative

Grundhaltung, sondern die Anhäufung und auch das Gewöhnen an negative Gedanken verändert mich. Wenn das nicht bewusst geändert wird, wird so das negative Denken zur Grundhaltung und dann zum Lebensstil.

Die junge Frau war eine von den ganz Tüchtigen. Sie hatte ihre Familie im Griff, ihren Haushalt in Ordnung und führte ein gut geregeltes Leben. In der Kirche war sie diejenige, die geradezu prädestiniert war, Feste und Feiern zu organisieren – ehrenamtlich, versteht sich. Man konnte sich auf sie verlassen und wusste, dass alles bestens funktionierte, wenn sie die Sache anpackte. Eine ihrer hervorragenden Eigenschaften war ihr Organisationstalent. Somit hätte alles wunderbar sein können. Normalerweise hätte es eine Freude sein müssen, mit ihr zusammenzuarbeiten – wenn nicht ... ja, wenn da nicht ihre ständige Katastrophen-Vorwarnung gewesen wäre. Stets befürchtete sie den Super-GAU: „Das wird nicht klappen! Das schaffen wir nie! Wir sind nur so wenige Mitarbeiter, wie soll denn das funktionieren! Und das alles in der kurzen Zeit! Ihr werdet es sehen, das wird nichts! Und außerdem: Wer kommt denn da schon zum Helfen! Zum Essen sind sie alle da, aber ihr werdet sehen: Sobald es ans Aufräumen geht, sind alle verschwunden. Und dann stehen wir da mit drei Leuten und schuften bis in die Nachtstunden!“ – Mangelnde Motivation bis hin zur Resignation bei den übrigen Mitarbeitern waren die Folge.

Interessant war bei der ganzen Sache, dass auch positive Erfahrungen sie kaum davon abhalten konnten, bei der nächsten Situation erneut einen Reinfall zu befürchten. Sie malte sich und den anderen aus, was alles schief gehen könnte – und dass sie dann „sicher wieder die Dumme" sein würden. Setzte jemand eine positive Sicht dagegen, wie: „Das wird schon klappen!" oder „Man wird sehen!" oder Ähnliches, dann regte sie sich erst recht auf über „so viel Naivität".

Letztlich konnte sie niemand dazu bringen, die ermutigenden Dinge zu würdigen oder es ihr gar „recht machen", egal, was auch immer er anstellte. Daneben kam zu dem ohnehin eher demotivierenden Reden noch ein deutlich zu hoch angesetzter Perfektionismus, dem niemand gerecht werden konnte. – Warum reagierte diese Frau immer wieder auf dieselbe Art und Weise?

Immer wieder treffen wir Menschen, die in ihrem Alltag unglücklich und überfordert wirken, manchmal empfinden wir selber so. Und lange Zeit ging es mir nicht anders. Da fing ich an, diesem Lebensgefühl auf den Grund zu gehen.

Woran liegt es also, wenn ich mich so fühle?

Kann es sein, dass sich eine negative Haltung in meinem Leben breit gemacht hat? Eine solche Haltung kann verschiedene Ursachen haben. Bei dem einen Menschen kann die zum Beispiel darin liegen, dass er in seinem Leben selber immer wieder kritisiert worden ist und dadurch den Eindruck gewonnen hat, es nun seinerseits niemandem recht machen zu können. Ein solcher Mechanismus setzt unter Umständen schon recht früh ein, manchmal bereits in der Kindheit. Ein Kind, das immer wieder kritisiert wird, reagiert normalerweise mit kindlicher Nörgelei und einer permanenten Unzufriedenheit mit sich selbst. Aus kindlichen Nörglern werden erwachsene Nörgler – wenn die Weichen nicht anders gestellt werden.

Man sagt ja uns Frauen nach, dass wir besonders gut im Nörgeln seien, z.B. so:

> „Du hast schon wieder nicht die Schuhe ausgezogen! Jetzt sind da Spuren auf den Dielen! Das Handtuch im Bad ist über die Heizung geknüllt. Die Jacke hängt wie üblich über dem Stuhl und nicht an der Garderobe. Wahrscheinlich muss ich froh sein, dass sie nicht auf dem Fußboden liegt! Und dass Pünktlichkeit nicht deine Stärke ist, bestätigt sich leider Tag für Tag! Was glaubst du eigentlich, für wen ich hier in der Küche stehe und alles vorbereite? Und wer erscheint dann nicht, oder viel zu spät?“

Eine vertraute Litanei an den Sohn, die Tochter, den heimkommenden Ehemann?

Vielleicht kennen wir derartige Litaneien schon

von Kindheit an. Die Mutter hatte nie Zeit, der Vater war selten zu Hause und das Kind bekam nur Beachtung, wenn die Zeugniszensuren gut waren. Ansonsten hatte man im Alltag zu funktionieren.

Doch das genügt eigentlich nicht. Die menschliche Seele braucht mehr. Sie braucht Anerkennung, Lob und Verständnis, Geduld und Nähe, das Gefühl der Geborgenheit, letztlich ganzheitliche Liebe.

Und wenn es anders war in den Kindheitstagen? – Natürlich wird niemand seine Kindheit neu leben können oder ungeschehen machen, was an ihm versäumt worden ist. Aber es lässt sich trotzdem eine neue, frohe, geborgene Grundhaltung finden.

Keine Frage: Für das Verstehen, warum ich denke und fühle, wie ich denke und fühle, ist es gut und wichtig, um die eigene Geschichte und die Auswirkungen zu wissen. Das bringt uns aber nicht weiter, wenn wir deswegen unser Fehlverhalten, das uns selbst und anderen das Leben schwer macht, immer nur auf eine von Verletzungen geprägte Kindheit abschieben – und nicht selbst die Verantwortung für unser Leben übernehmen.

Wenn ich ein erwachsener Mensch bin, dann bin ich selbst verantwortlich für mein Hier und Heute. Das heißt, ich kann und ich soll die Möglichkeiten nutzen, die ich habe, dass ich innerlich heil werde, dass sich ungute Umstände in meinem Leben zum Guten verändern, dass sich meine Haltung und mein Umgang mit den Menschen und Herausforderungen, denen ich hier und heute begegne, zum Guten und Ermutigenden wenden.

Ich darf es aus Erfahrung sagen: Jeder innerlich auch noch so schwer Verletzte kann immer selbst Schritte auf dem Weg zu seiner Heilung gehen.

Veränderung, ja oder nein?

An dieser Stelle muss ich mir als reifer Mensch die Frage stellen, ob ich eigentlich Veränderung will.

So unsinnig es klingen mag: Das zerstörerische Gefühl „Ich bin sowieso immer der Dumme. Ich muss nun mal alles so hinnehmen. Ich bin der Fußabtreter der Nation“ wird – ganz paradox, aber wahr – gleichzeitig als Kränkung und als Trost in der Kränkung empfunden.

Wenn ich das Gefühl pflege, alles und jeder sei gegen mich, dann kann das als selbstquälerische Genugtuung empfunden werden: „Ich bin der bedauernswerteste Mensch von allen auf dieser Erde, und es gibt wohl niemanden, dem es schlechter geht.“ Dieses Gefühl ist natürlich ausgesprochen subjektiv und die Neigung, dieses Gefühl zu pflegen, kann zeitweise äußerst stark auftreten. Das ist ein Hinweis darauf, dass zwar die Seele weint, doch wie ein Hund, der seine Wunden leckt, fühle ich mich als armes Opfer. Als nicht verantwortlich. Ich pflege die Sicht, dass mir Menschen und Situationen übel mitspielen und ich armer Mensch gar nichts dafür kann, dass es mir so schlecht geht – und dass ich deswegen scheinbar auch nichts tun kann und auch nichts tun muss, was meine Lage verändert. Ich meine, diese

Pflicht hätten andere, diejenigen, die mich in diese Lage gebracht haben. Und auf ihren Einsatz zu warten, scheint meine einzige Aufgabe zu sein. – Diese Haltung bringt einen Teufelskreis in Gang und hat ein immer tieferes Absinken in die negativen Gefühle zur Folge. Sollte der Mensch darüber auch noch krank werden, was nicht unwahrscheinlich ist, so sieht er das dann nur als „gerecht" an.

> „Sollen die anderen doch sehen, wie sie ohne einen klarkommen! Sollen sie doch sehen, dass einer davon ganz krank wird! Die werden sich schon umgucken, wenn ich meinen Job nicht mehr machen kann. Jawohl, man wird mir eine Frührente zahlen müssen oder eine Arbeitsunfähigkeitsrente. Und das alles nur, weil ..."

Wer das kennt, wird merken: Der Kreislauf der negativen Gedanken endet nicht im Inneren. Schnell sind die Selbstgespräche nach außen gedrungen, öffentlich geworden. Das negative Denken beschränkt sich nicht „nur" auf mein Inneres, wo es scheinbar niemand sieht und hört, sondern es dringt durch nach außen – in meiner Haltung, in meinen Reaktionen, in meinem Reden.

Negatives Reden ...

... gilt als gesellschaftsfähig

Ungute Worte haben schon viel angerichtet, auch in meinem eigenen Leben, auch durch mich verursacht. Und ich merke mehr und mehr: Das ist ein wichtiges Thema. Immer wieder kann ich beobachten, wie bei Menschen sich Lebensweichen falsch stellen – aufgrund von unguten Worten und Wertungen, die sie zu hören bekommen und schon zu hören bekommen haben im Leben. Oder ich erlebe mit, mit wie viel Mühe sich die eine oder andere von den Folgen irgendwelcher einmal an sie ergangenen Worte regelrecht befreien muss.

Eine große Sache ... die manchmal ganz klein und unscheinbar daherkommt.

> Stellen Sie sich vor, Sie sitzen mit einigen Damen zu einem Tässchen Kaffee zusammen. Die Gesprächsthemen wechseln zu diesem und jenem. Irgendwann beginnt dann die Erste, über ihren Berg an Arbeit zu reden: „Was für ein Stress! Anstrengend, kann ich Ihnen sagen, wirklich anstrengend. Man kommt wirklich zu nichts. Diese Familie bringt mich um! Kaum ist man da fertig, liegt dort wieder was rum. Und dann hat man ja auch noch andere Verpflichtungen. Da ist das Fest-Komitee und der Frauen-Ausschuss, außerdem noch der Elternabend, dann will die Oma ja auch beachtet werden. Man muss sie mal wieder einladen. Na, und was glauben Sie, wie bei uns die Wochenenden aussehen! Wenn ich nur nicht immer diese Migräne-Anfälle hätte!“

Versuchen Sie mal, in so einen Wortschwall einzubrechen mit ein paar wenigen, ruhig gesprochenen Sätzen wie:

> „Also, mir geht es eigentlich sehr gut. Ich bin dankbar, dass ich zur Zeit gesund bin und meine Arbeit schaffe. Ich habe zwar für keine Familie zu sorgen, doch die eine oder andere Verpflichtung wartet täglich auf mich. Doch das funktioniert alles in allem eigentlich ganz gut."

Was denken Sie, welche Reaktionen das auslöst! Das ist nicht üblich! Damit verletzt man die Spielregeln. Jammern und Klagen ist gesellschaftsfähig. Deshalb macht sich auch kaum jemand Gedanken darüber, dass das negativ ist und woher dieses negative Reden kommt. Da es fast jeder tut, setzt dem kaum jemand etwas entgegen. Und doch berührt es unangenehm.

... ist eine Angewohnheit

Bleiben wir bei uns selbst: Gehören wir zu denen, die sich ein ständiges negatives Reden bereits angewöhnt haben? Finden Sie selbst heraus, wo Sie stehen. Stellen sie sich einfach folgende Fragen und versuchen sich selbst ehrlich einzuschätzen:

- Wie oft gebrauche ich die Wörter „nie" und „immer"? Einmal, fünfmal oder zehnmal täglich?
- Wie oft benutze ich gesteigerte Ausdrücke wie

„total schwierig“, „völlig unmöglich“, „vollkommen aussichtslos“, „absolut daneben“, „wirklich schmerzhaft“ und Ähnliches (täglich)?

- Welche Gedanken kommen mir spontan, wenn ich in eine unerwartete Situation hineinkomme?
- Wie reagiere ich normalerweise auf ein fehlerhaftes Verschulden eines Arbeitskollegen mir gegenüber, auf Unarten der Kinder zu Hause, ein Fehlverhalten der Freundin, einen Fehler des Partners – vorwurfsvoll nach dem Motto: „Das habe ich dir doch gleich gesagt!“ „Immer passiert dir das!“ „Hättest du doch nur auf mich gehört!“ „Das habe ich mir ja gleich gedacht!“ „Mit mir kann man's ja machen!“ „Kein Wunder ...“?

  Oder eher: „Okay, lass uns sehen, wie wir das wieder in Ordnung bringen. Es ist nun mal passiert.“?

... ist verletzend

Ich möchte noch einen Moment darüber nachdenken, was wir alles so sagen und aussprechen, was uns alles so bewusst oder unbewusst über die Lippen kommt im Laufe eines langen Tages.

Vielleicht kennen Sie diesen Satz: „Ein ausgesprochenes Wort ist fürchterlich, wenn es das auf einmal ausspricht, was sich das Herz lange erlaubt hat“ (aus den Wahlverwandtschaften von Goethe).

Und ebenfalls von Goethe stammt der Ausspruch: „Das Wort verwundet leichter als es heilt“.

Was bedeutet es eigentlich, täglich mit Worten umzugehen, zu sprechen oder auch nicht zu sprechen, etwas aufzuschreiben, jemandem zu schreiben ...? Der Umgang mit so oder so formulierten Gedanken, Überlegungen und Gefühlen ist etwas Alltägliches – und es wird viel dadurch ausgelöst. Wenn schon Blicke töten können – wie dann erst Worte!

> „Hör mal, Lisa, du brauchst mir gar nichts zu erzählen. Du glaubst doch wohl selber nicht, was du gerade gesagt hast! Immer wieder kommt von dir die gleiche Entschuldigung ... Nein, du bist einfach chaotisch und unzuverlässig! Es ist eine Zumutung, mit dir zusammenarbeiten zu müssen. Womöglich glaubt der Chef noch, das alles wäre meine Blödheit! Das fehlte noch! Wieso glaubst du eigentlich, dass du das immer wieder mit mir machen kannst? Ich habe die Hoffnung aufgegeben, dass du dich änderst. Das wird nie geschehen! Warum mache ich das eigentlich hier überhaupt noch mit?“

Den anderen verbal fertig machen und kein gutes Haar mehr an ihm lassen – warum tue ich das? Hilft es, jemandem Bezeichnungen wie „chaotisch“ und „unzuverlässig“ anzuheften und Wörter wie „Blödheit“ und „hoffnungslos“ in den Raum zu stellen? Verbessert das etwa das Miteinander?

Mir ist in den letzten Jahren immer deutlicher

geworden, dass ich mit dem, was ich ausspreche, wesentlich verantwortungsbewusster umgehen muss. Natürlich kann ich mich für falsche Worte entschuldigen. Fatalerweise kann ich sie aber nicht mehr zurückholen; sie sind wie ausgestreute Federn im Wind. Sie sind gesprochen worden, gehört worden und haben ihre Wirkung erzielt – manchmal für ein ganzes Leben. Es gibt Worte, die einen Menschen sein ganzes weiteres Leben lang im wahrsten Sinne des Wortes verfolgen, weil sie ihn tief verletzt haben – Folgen von negativem Reden.

Darüber hinaus haben wir die Fähigkeit, an sich positive Aussagen durch Sarkasmus und Ironie ins Gegenteil zu verkehren, und manchmal einen anderen damit besonders empfindlich zu treffen. Sätze, die an sich gut klingen, können in einem negativen Sinn gesprochen werden. Dazu eine Geschichte aus meinem eigenen Leben, eine äußerlich gesehen kleine Sache, die sich vor einigen Jahren abgespielt hat, als mein Alltag noch ein wenig anders aussah als heute, als er noch mehr geprägt war vom hausfraulichen Wirbel, umgeben von sechs Kindern im Alter von damals vier bis vierzehn Jahren.

> Eine junge Mutter kam damals zu mir und stöhnte: „Meine beiden bringen mich noch um! Dieses Geschrei und Gezanke jeden Tag! Ich habe nur noch Stress. Und dann die viele Wäsche! Und einkaufen gehen bleibt einem ja auch nicht erspart, natürlich mit den Rangen! Wie soll ich das bloß immer alles schaffen!

Kannst du die beiden nicht mal `ne Stunde nehmen, dass ich mich mal hinlegen kann? Ich bin total am Ende. Vielleicht haben ja eure Größeren Lust, sich ein bisschen mit ihnen zu beschäftigen ...?"
Meine innere Reaktion: Also - was fällt der denn ein? Ich bin ja auch gerade völlig unterbeschäftigt. Von sechs Kindern umgeben mussten meine Wäscheberge schon rein rechnerisch erheblich größer sein als ihre, und überhaupt ...
Ohne lange zu überlegen, schoss es aus mir heraus: „Ja, natürlich, überhaupt kein Problem. Ich habe heute schon drei Maschinen gewaschen und brauche somit nur noch zwei Maschinen Wäsche durchlaufen zu lassen. Und wenn ich dann anschließend fürs Wochenende zum Einkaufen fahre, dann nehme ich eben zu unseren vier kleinen eure beiden mit dazu, das ist in unserem Bus ja möglich. Die beiden Größeren haben nämlich heute Nachmittag Sport. Ruh du dich nur inzwischen ein wenig aus!"
So, das klang doch nicht schlecht, oder? Und es hatte gesessen, ich sah es an ihrem Gesichtsausdruck. Und als gleich die ersten Tränen flossen, taten mir meine Worte schon Leid. Ich versuchte sofort, alles zurückzunehmen, um Entschuldigung zu bitten, aber ich hatte ihren empfindlichsten Nerv wohl zu sehr getroffen. Ich hatte ihr unausgesprochen durch mein „großzügiges" Angebot Unfähigkeit vorgeworfen, ihren Alltag bewältigen zu können. Ich

> hatte nicht erkannt, dass ihre Bitte ein Hilfeschrei um etwas Verständnis war, vielleicht um das einfühlende und solidarische Wort einer Frau, die doch wissen musste, wie es ihr ging und worunter sie litt.
> So aber zog sie sich enttäuscht zurück mit den Worten, natürlich, sie sei mir nicht böse, und ich hätte ja auch viel zu tun, sie müsste eben allein klar kommen. Und genau so musste sie sich fühlen – allein.

Wie oft begegnet uns eine ähnliche Situation? Entweder sind wir selbst die Bedrückten, oder wir verfahren in ähnlicher Weise wie beschrieben mit Menschen um uns herum, dort, wo wir die meiste Zeit unseres Tages verbringen. Ja, es ist so: Abschätzige, unaufmerksame, „eben mal so" dahin geworfene Worte können verfolgen, treffen, sogar töten. – Sind wir uns dessen immer bewusst? Oder haben wir uns nicht längst daran gewöhnt?

... setzt Zeichen für das ganze Leben

Denken wir in diesem Zusammenhang auch einmal an die Worte, die zu uns gesagt worden sind, als wir noch Kinder waren:

> „Du Tollpatsch! Kannst du nicht aufpassen? Immer lässt du alles fallen/ zerbrichst du alles/ machst du alles kaputt! – Lass mich das machen; wenn ich nur sehe, wie dumm du das anpackst ..." Wenn Sie so etwas oder Ähnliches

öfter zu hören bekommen haben, sind Sie da nicht irgendwann zu der Meinung gelangt, dass Sie ein ungeschickter Mensch seien, unfähig, etwas Geschicktes oder etwas Kreatives zu schaffen?
Oder: „Du bewegst dich wie ein Schnecke! Leg mal ein bisschen Tempo vor. Dein Zimmer sieht wieder aus, als hätte eine Bombe eingeschlagen. Ich schaffe nichts mehr, seit du da bist. Alles geht bei dir so schrecklich langsam!" Seitdem glauben Sie vielleicht, dass Sie viel langsamer seien als die meisten Menschen. Und können dabei womöglich völlig übersehen, dass es sehr gut ist, dass es langsamere Menschen gibt, die nachdenklicher sind, gründlicher als andere die Kosten überschlagen, vorsichtiger agieren und nicht so draufgängerisch sind ...

Merken Sie, was Worte anrichten können? Das sitzt, und das sitzt schnell für ein ganzes Leben. Das kann unser Selbstbewusstsein dauerhaft untergraben. Und die Gewöhnung an das entsprechende Selbstbild und die Gewöhnung an die Worte, die man oft genug im Ohr hatte, haben dann oft zur Folge, dass diese Gedanken so tief in uns eingegraben sind, dass wir sie wiederum durch unsere Worte weitergeben. So geht es dann weiter und weiter.

... prägt unsere Wahrnehmung

Stellen wir uns doch noch einmal irgendeine Situation vor, die wir von zu Hause oder der Arbeitsstelle her kennen.

> Wir sagen: „Ja, so läuft das immer wieder ab. Ein Wort ergibt das andere. Zunächst haben wir nur eine unterschiedliche Meinung, doch da wir kein entspanntes Verhältnis haben, kommt es zu einem Wortgefecht. Ich spüre entsprechend Aggressionen, Verzweiflung, Versagen oder habe negative Gedankengänge. Entweder ich schlucke alles herunter und sage gar nichts mehr oder ich platze mit allem, was mich bewegt, heraus. Schön ist das nicht. Doch habe ich nicht eigentlich Recht? – Wenn mir der andere unrecht tut und ich fühle, dass die Situation mich bedrängt, ... dann muss ich es doch einfach rauslassen!“

Wirklich? Könnte es nicht sein, dass wir so in unseren Denkstrukturen festhängen, dass wir gar nicht merken, dass wir es anders machen, anders lösen, anders sagen könnten? Jeder von uns hat seine eigene Wahrnehmung. Wir haben unsere ureigene subjektive Wahrnehmungsweise – jeder von uns. Ahnen Sie, was das bedeutet? Das kann kaum gut gehen, direkt und „wie es gerade kommt“ mit allem herauszuplatzen, da ja jeder in seiner Vorstellung Recht hat und die Dinge auf die eigene Weise sieht.

Davon abgesehen: Unsere Vorstellungskraft ist enorm, und unsere (oft auch negative) Fantasie auch!

Wussten Sie, dass unser Gehirn auf Außenreize genauso reagiert wie auf Selbstreize, die durch uns selbst verursacht werden, durch unser Denken?

Von daher: Was halten Sie davon, sich in einer entsprechenden Situation in die Lage des anderen hineinzudenken und zu versuchen, seine Seite zu verstehen, ebenso wie den Grund für die aufgetretene Spannung – und zwar *ehe* Sie sich als ungerecht behandelt/benachteiligt ... empfinden und den anderen beschimpfen?

Ein Experiment

Apropos Außenreize und Selbstreize: Allein dadurch, dass wir uns eine Sache bildhaft beziehungsweise lebhaft vorstellen, können bereits körperliche Missempfindungen oder Wohlempfindungen ausgelöst werden. – Dazu ein kleines Experiment:

Stellen Sie sich einen Moment lang vor, Sie würden eine Zitrone aufschneiden. Dann nehmen Sie – in Ihrer Vorstellung – die eine Hälfte in die Hand, betrachten Sie kurz und lecken dann an der aufgeschnittenen Hälfte.

Egal, ob Sie das mögen oder nicht: Es geschieht praktisch automatisch, dass sich allein aufgrund der *bildhaften Vorstellung* in Ihrem Mund verstärkte Speichelbildung eingestellt hat und – falls Sie wie ich keine Zitronen mögen – Sie unwillkürlich auch Ihr Gesicht verzogen haben. Schon an diesem kleinen Beispiel erkennen Sie, wie stark unser menschliches Gehirn unsere Vorstellungskraft und unsere Empfindungen zu steuern in der Lage ist.

Die Kraft meiner Vorstellungen

Unsere Vorstellungskraft ist so groß, dass manche Dinge einfach schon deshalb so schrecklich erscheinen, weil wir sie uns als schrecklich *vorstellen*.

Nicht nur das, sondern wir *glauben* auch, dass „das Schreckliche" eintreten wird, wie wir es uns in unseren Ängsten ausgemalt haben: „Ich weiß, das wird schiefgehen. Das muss ja schiefgehen" – und schon setzen unsere so „gut gepflegten" Befürchtungen eine ganz eigene Dynamik in Gang, unterstützt vom fehlenden Abstand und vom Nicht-Hinterfragen(-Wollen). Negatives Denken und ebenso negatives Reden sind die Folge.

Objektiv gesehen mag es keinen Grund für eine negative Sicht der Dinge geben – aber die Macht, die ich den negativen Vorstellungen gebe, gewinnt leicht so viel Einfluss, dass ich – ohne es vielleicht zu wollen – ...

- viel zu viele negative Gedanken denke
- diese Gedanken für wahr halte, als „die Realität" ansehe
- mich von ihnen prägen lasse
- nach ihnen lebe
- und dann entsprechend einschätze, urteile, rede – auch wenn ich Christ bin.

Woher kommt das? Woher kommen meine negativen Vorstellungen?

Das, was ich mir vorstelle, ist natürlich geprägt von dem, was ich erlebt habe in meinem Leben, an Positivem wie an Negativem. Je mehr negative Vorerfahrungen da sind, umso intensiver vermute und befürchte ich in meinen Vorstellungen negative Auswirkungen, ungute Situationen, böse Absichten.

Und so setzen sich in mir Denkstrukturen fest, die man genau genommen als Lügen bezeichnen muss: als Lügen, die ich selber glaube. Als Lügen, die letztlich mich selbst und andere Menschen verletzen.

Damit sind wir wieder bei Goethe: Wir sprechen aus, „was sich das Herz schon lange erlaubt", und erleben durch die Reaktionen unserer Mitmenschen entsprechende Irritation, Ablehnung, Distanzierung, sprich: gestörte Beziehungen.

Negatives Denken und Reden versperren freilich auch die Sicht auf das Gute. Menschen, die negativ denken und reden, können oft nicht mehr von Herzen dankbar sein. „Wofür auch?", mag einer denken. „Die Dinge scheinen sich ja sowieso immer wieder gegen mich zu richten."

2. Emotionale Defizite

„Die Dinge richten sich ja sowieso immer wieder gegen mich." Wer so denkt, erlebt ein emotionales

Defizit, auch wenn er das vielleicht noch nie so erkannt und benannt hat. Und glauben Sie mir, ich weiß, wovon ich rede: In meinem eigenen Leben hatten all die Nörgeleien, all die negativen Redeweisen und das ganze negative Denken sehr viel zu tun mit bestimmten Defiziten, die im Laufe meines Leben vorhanden waren.

Das Wort „Defizit" kam mir dabei anfangs gar nicht in den Sinn, aber ich hatte ein bestimmtes Gefühl: Das, was mir begegnete und meinen Tag ausfüllte, war nicht „genug" für meine Seele – es füllte mich innerlich nicht aus. Und irgendwann begann ich schmerzlich eine Art schwarzes Loch zu empfinden.

Dieses „schwarze Loch" kann bei verschiedenen Menschen verschiedene Ursachen haben; bei vielen mag es an einer mit zu wenig wahrnehmbarer Liebe erfüllten Kindheit liegen. Allerdings bin mir nicht sicher, ob es überhaupt möglich ist, dass ein Mensch in seiner Kindheit „alles" bekommt, was er an Liebe für sein Leben braucht. Bleibt also die Frage, was mein Defizit, das ich *heute* erlebe und erkenne, ausfüllen kann.

Bevor wir zu einer Antwort kommen, denken Sie bitte kurz an Ihre eigene Situation:

In Ihrem Umfeld leben Menschen, die Sie mögen, ja lieben. Sie würden vermutlich alles für sie tun, für Personen, die Ihnen lieb und wert sind, wie Ihre Eltern, Ihre Kinder, Ihr Mann oder eine liebe Freundin. Und Sie tun es: Sie opfern sich auf, Sie überlegen, planen und entwickeln die besten Ideen, damit es Ihren Lieben gut geht. Das müssen die doch einfach merken! Da muss doch mal was zurückkommen. Dieser Wunsch ist doch legitim, oder?

Ihre Alltagswirklichkeit sieht anders aus: Da ist die Enttäuschung, dass die Kinder Sie ignorieren, übersehen, ja Sie links liegen lassen und eigene Wege gehen. Der Ehemann hört scheinbar niemals richtig zu, geschweige denn, dass er auch nur ansatzweise versteht, worum es Ihnen in der Beziehung geht. Und auch die Freundin lässt Sie im entscheidenden Moment hängen. – Und wieder spüren Sie schmerzhaft dieses „Loch", das Sie (vielleicht schon aus frühester Kindheit) kennen.

Ihr Herz spürt eine Leere. Und was tun Sie? – Sie verschaffen sich vorübergehende Lückenbüßer: Sie schauen nach einem guten Film aus, besorgen einen Babysitter und gehen ins Theater, machen eine kleine Reise (wenn es die Familiensituation erlaubt), um sich zu erholen und Ihre Seele aufatmen zu lassen. Sie gönnen sich etwas Gutes, ein neues Kleidungsstück, ein schönes Buch, schöne Musik. Sie gehen mit Ihrer besten Freundin essen. Damit haben Sie kurzzeitig das Gefühl, etwas gegen dieses Defizit in Ihnen getan zu haben.

Und sie *haben* etwas Konstruktives getan, Sie haben sich etwas Gutes getan. Das hilft weiter für den Moment – aber eben nur für den Moment. Denn *dauerhaft* die innere Leere ausfüllen und dem Leben einen tieferen Sinn geben, kann keine dieser Aktionen.

3. Depressionen

Viele Menschen fallen nach einer Zeit der Suche, das innere Vakuum auszufüllen, in ein fast bodenloses Loch. Sie fühlen sich deprimiert, und manchmal ist auch äußerlich ein depressives Verhalten erkennbar.

Es gibt heute in Westeuropa eine steigende Anzahl Menschen, auch Christen, die depressiv werden oder sind. Das kann ganz unterschiedliche Ursachen haben – deswegen empfiehlt es sich, mit einer allzu schnellen Diagnose vorsichtig zu sein beziehungsweise bei dauerhaften Erscheinungen auf jeden Fall den Hausarzt oder Facharzt zu Rate zu ziehen. Es gibt nämlich sowohl bestimmte körperliche wie psychische Auslöser, die direkt abgeklärt und behandelt werden können.

Nicht zu unterschätzen als Auslöser depressiver Gefühle ist der oben geschilderte Teufelskreis des negativen Denkens – schneller, als man denkt, führt solche dunkle, ängstliche und negative Sicht der eigenen Person, nahestehender Menschen und der Welt im Allgemeinen in dieses so empfundene „schwarze Loch".

Die Depression ist dann eine Folgeerscheinung eines Lebensstils, mit dem ein Mensch sich selbst schadet. Sie ist eine Art Warnsignal, dass der Mensch noch nicht gelernt hat, die Defizite aufzufangen beziehungsweise ausgefüllt zu bekommen, die der Mensch in sich fühlt.

Zu diesem Thema Depression gibt es natürlich noch weitaus mehr zu sagen. Ich will mich hier beschränken auf diejenigen Auswirkungen, die so häufig aufgrund einer fehlgerichteten Denkweise und eines ungesunden Lebensstils entstehen. Deswegen noch einmal der Hinweis: Menschen mit möglichen anderen Auslösern (z.B. erbliche Belastung, physische Ursachen u.a.), sollten die Erfahrung und die Unterstützung einer Fachfrau oder eines Fachmannes in Anspruch nehmen, damit ihre Seele so bald wie möglich wieder frei durchatmen kann – so wie bei akuten und bei drohenden Zahnschmerzen der direkte Gang zum Zahnarzt die schnellste und zuverlässigste Hilfe bringt.

Zum allgemeinen Verständnis sei so viel gesagt: Eine beginnende Depression ist nicht ein einzelnes Gefühl, sondern vielmehr eine Mischung verschiedenster Gefühle und Verhaltensweisen. Sie beeinträchtigt den ganzen Menschen.[6]

Eine beginnende Depression beeinträchtigt den Menschen im Denken

Wer deprimiert ist, sieht das Leben in düsteren Farben. Sogar an sich positive Dinge werden als negativ angesehen. Das negative Denken nimmt einen übergroßen Raum ein und verändert den Lebensstil.

Eine beginnende Depression beeinträchtig den Menschen im Fühlen

Mit den negativen Gedanken gehen negative Gefühle einher. Es scheint unerheblich, was zuerst da gewesen ist. Was der Mensch nun fühlt, ist eine mehr oder weniger große Traurigkeit, die er sich meistens nicht erklären kann. Sie geht oft einher mit Gefühlen der Minderwertigkeit, oft auch des Ärgers. Ängste und Schuldgefühle können dazukommen.

Eine beginnende Depression beeinträchtigt den Menschen im Handeln

Einer deprimierten Person fällt es schwer, Arbeiten zu Ende zu führen, die ihr früher immer einfach von der Hand gegangen sind, bis dahin, dass die Arbeit ganz liegen gelassen wird. Ebenso gibt es einen Rückzug von menschlichen Begegnungen und Beziehungen. Dieser Rückzug hat auf der einen Seite mit der Scham zu tun, dass man ja nichts mehr schafft, ist auf der anderen Seite aber auch ein unerklärliches Gefühl der Resignation oder der Unfähigkeit, sich anderen Menschen mitzuteilen, mit ihnen zusammen zu sein. Es kann zu einem Gefühl der Handlungsunfähigkeit in allen Bereichen des Alltags kommen.

Eine beginnende Depression beeinträchtigt den Menschen in seinem körperlichen Befinden

Das gesamte Verhalten ändert sich oder hat sich schon verändert, auch was Begegnung und Bewegung angeht – als eine direkte Auswirkung: Der deprimierte Mensch fühlt sich am ganzen Körper schlapp und kraftlos. Er ist oft müde, möchte am liebsten immer nur schlafen, leidet jedoch dann, wenn er es versucht, oft unter Schlaflosigkeit. Dadurch kommt er dann morgens schwer aus dem

Bett. Der Appetit ändert sich meist ebenfalls: Entweder es wird zu viel gegessen oder viel zu wenig. Darauf reagiert meist der Darm, es stellen sich Darmunregelmäßigkeiten ein. Kopfschmerzen können dazukommen, mehr als im bisherigen Leben dieses Menschen üblich war.

Alle dieser vier Folgen beeinflussen und verstärken sich zum Teil gegenseitig. Deswegen ist jede für sich als Alarmsignal zu sehen, Hilfe zu suchen, damit der betroffene Mensch nicht immer weiter in die Tiefe gerät.

Wichtig zu wissen: Irgendwann ist jemand vielleicht nicht mehr in der Lage, sich selbst zu mobilisieren und nach Hilfe Ausschau zu halten. Dann braucht er, wenn er dazu bereit ist, Menschen, die ihn darin unterstützen, sich an Fachkräfte zu wenden, damit er kompetente Beratung und Hilfe erfährt.

Vielleicht sagen Sie: Ich kenne Ansätze von dem, was ich eben gelesen habe. Ganz so extrem ist es bei mir nicht. Aber hier und da erlebe ich so etwas. Und es beunruhigt mich, denn eigentlich weiß ich doch, wer ein Leben mit Gott führt, ist auch in ihm geborgen. Muss ich mich denn noch mehr anstrengen? Was mache ich falsch? Wie komme ich da heraus?

Ich denke, dass es hilft, zunächst einmal die eigene Situation zu überdenken: Wo stehe ich? Was trifft auf mich zu und was nicht? Gibt es einen Menschen, mit dem ich darüber reden kann? Kann ich irgendwo mehr darüber erfahren?

Ich persönlich habe es immer wieder als produktiv erfahren, mich an jemanden zu wenden, zu dem ich Vertrauen habe und von dem ich weiß, dass er/sie mir auch zuhören wird.

Aber auch eine Art Selbsthilfe kann zum erwünschten Erfolg führen. Je nachdem, was für eine Persönlichkeitsstruktur ich besitze, habe ich Möglichkeiten, mich in Bibliotheken zu „meinem" Thema zu informieren. Auch das Medium Internet bietet unter dem Stichwort „Depressionen" eine Fülle von Informationen und Selbsttests an.

Welcher Weg für einen Menschen sinnvoll ist, kann nur der Einzelne für sich entscheiden. Ich möchte Mut machen, sich auf die Suche zu begeben und der Sache auf die Spur zu kommen.

Was ich betonen möchte: Es geht nicht darum, sich noch mehr anzustrengen, noch mehr zu bemühen; es geht darum, in mancher Hinsicht eine neue Sichtweise zu bekommen und zu verstehen, dass es besser ist, *eine neue Grundhaltung* zu finden als die alte „an den schadhaften Stellen" auszubessern und äußerlich aufzupolieren.

Ich habe auch die Erfahrung gemacht, dass ich mich nicht einfach zwingen kann, positiv zu denken (obwohl es ja in dieser Hinsicht eine Menge Übungen und Methoden gibt, die angeblich zum Erfolg führen). Sicher ist (je nach Typ) ein wenig mehr Selbstdisziplin nicht falsch. Doch es ist ganz klar besser, einen tieferen Grund als Basis und als Ziel zu finden, um Veränderung zu erleben.

Bei mir selbst habe ich festgestellt, wie wenig

barmherzig ich mit mir umgehe. Meine Ansprüche an mich selber sind sehr hoch, manchmal fast gnadenlos.

Dabei ist es so wichtig, im Bewusstsein zu haben (und nicht nur im Kopf zu wissen), dass ich nur *ein Leben* habe. Es liegt an mir, was ich daraus mache! Es liegt an mir, ob ich gelebt werde oder ob ich lerne, das Leben zu genießen – neben allem und in allem, was definitiv zu tun ist.

Es gilt: Ich bin dem Leben nicht hilflos ausgeliefert, sondern habe von meinem Schöpfer Eigenschaften mitbekommen, die es mir ermöglichen, über mich und das Leben überhaupt nachzudenken. – Nutze ich das? Lebe ich so? Oder tue ich eher so, als würde es keine Möglichkeit geben, meinen Zustand zu ändern, weil da diese oder jene Menschen sind, die mich daran zu hindern scheinen? Die einfach nicht mitspielen, nur sich selber sehen und mir zusätzlich das Leben schwer machen? Oder weil da noch diese oder jene Situationen sind, die ich auch nicht einfach auf Knopfdruck beseitigen kann? – Wenn ich so denke, wie soll dann Veränderung stattfinden können?

Vielleicht nehmen Sie sich einen Moment Zeit und lesen nicht gleich weiter, sondern denken mal diesen einen Gedanken: *Will ich überhaupt eine Veränderung in meinem Leben?*

Was Sie wirklich wollen, wozu Sie bereit sind, das ist ganz wichtig am Anfang eines Weges, auf dem Sie womöglich ein ganz neues Lebensgefühl entdecken werden und manchen Ballast loswerden. Das kann bedeuten, dass Sie in Zukunft lernen, auf Angewohnheiten wie Selbstmitleid zu verzichten oder zerstörerische Wutausbrüche quasi „abtrainieren“. Da diese Stolpersteine – wie wir gesehen haben – unter Umständen zu einem Lebensstil geworden sind, der ja viele Jahre lang „eingeübt“ ist, bedeutet das vielleicht, sich auf einen längeren Weg einzulassen, der voll von neuen Entdeckungen sein wird. Das gilt es, bewusst zu durchdenken. Denn wir wissen: Viele Menschen halten an Gewohnheiten fest, ob es gute oder weniger gute sind, einfach deswegen, weil es leichter ist, das zu tun, was ich schon immer getan habe als etwas Neues in Angriff zu nehmen.

Überlegen Sie, ob Sie das wollen. Es bedeutet höchstwahrscheinlich eine Neuorientierung und Umstrukturierung in Ihrem Alltag. Aber Sie können viel gewinnen, viel an Lebensfreude und eine neue Qualität in Beziehungen: Sie können dabei lernen, sich selbst zu finden und in dem Gegenüber keine Bedrohung mehr zu sehen. Und Sie können auf diesem Weg Ausschau halten nach dem, was Sinn macht und einen tieferen Sinn und Befriedigung gibt als alles, was Sie bisher ausprobiert haben und was dann doch so schnell und flüchtig wieder vorbei ist.

Ich möchte Ihnen Mut machen, darüber nachzudenken, ob Sie das wollen – und erst dann weiterzulesen.

Teil III

Aufstehen und weitergehen oder: Wie ich mit dem Stolpern und Hinfallen umgehen lerne und weitergehen kann

Aufstehen, weitergehen, weitermachen – das sind von Hoffnung erfüllte Begriffe. Und um Hoffnung soll es nun gehen: Nichts muss so bleiben, wie es ist!

Ich kann eine Veränderung wünschen und auch etwas dafür tun. Denn: Es gibt Möglichkeiten und Wege, aus Lebenssackgassen herauszukommen. Um im Bild zu bleiben: Ich muss nicht am Boden liegen bleiben, ich kann wieder aufstehen und weitergehen.

Einige Ansätze für dieses Weitergehen sind bereits angeklungen. Dazu gehört nicht zuletzt, dass es einen Sinn braucht, um mein Leben entsprechend erfüllt zu leben. Wenn ich einen Sinn für mein Leben sehe, kann ich ganz anders mit de*n* Fallen und de*m* Hinfallen umgehen lernen, weil ich weiß, wie und warum ich wieder aufstehen und weitermachen beziehungsweise neu anfangen kann.

Um einen Sinn für ein erfülltes Leben zu finden, braucht ein Mensch sicher nicht nur das Darüber–Nachsinnen im Kopf, sondern eigene Erfahrungen, so genannte Schlüsselerlebnisse. Damit es konkret wird, will ich gerne von einigen meiner eigenen Schlüsselerlebnisse berichten.

1. Mein erstes Schlüsselerlebnis

An einem bestimmten Punkt in meinem Leben begann ich mich zu fragen, ob es möglich ist, eine zufriedenstellende „Dauerlösung" für mein Problem zu finden: Gibt es einen „Schlüssel" zu einem erfüllten Leben, das sich in positiven Bahnen bewegt, das reich ist und ausgefüllt, das nicht nur so vor sich hindümpelt und „gerade man so" von einem Tag zum nächsten existiert?

Ich steckte in einer Phase, die ich persönlich als Sackgasse empfand. Mein Leben schien irgendwie nicht mehr vorwärts zu gehen. Ständig stolperte ich über dieselben Dinge:

Ich stolperte über meinen Neid, den ich immer wieder spürte, wenn ich auf andere Frauen sah, die es scheinbar besser hatten als ich: Sie hatten keine kleinen Kinder, die sie rund um die Uhr forderten. Oder wenn sie welche hatten, dann hatten sie auch eine stets hilfsbereite Oma oder Freundin in der Nähe. Hatte ich nicht! Dann gab es da doch tatsächlich Frauen, die sich an einem Tag in der Woche einen Aufenthalt im Fitness-Studio oder einen Schwimmbad-Besuch gönnten. Wann sollte ich so was denn machen?! (Ich war noch nicht in der Lage, mir Dinge zuzugestehen, die ich für absoluten Luxus hielt – weniger finanziell als vielmehr ideell ...) Und was fast noch schlimmer für mich war: Da gab es Leute, die in jedem Gottesdienst dabei sein konnten (das schien mir damals das Wichtigste für mein Leben zu sein!) und nicht von quengelnden Kindern in ihrer „Andacht" gestört wurden! Neidgefühle über Neidgefühle machten mir das Leben schwer.

Dazu kam natürlich fast gleichzeitig der Stolperstein des Selbstmitleides. Ich armes Menschenkind! Was hatte mir das Leben nur angetan! Und niemand schien das überhaupt zu bemerken. Mein Mann am allerwenigsten. Dachte ich. Wenn doch wenigstens er ... Aber nein. Ich krebste nur so vor mich hin, und er fand es wohl selbstverständlich, dass ich rund um die Uhr für die Kinder da war und mich zusätzlich auch noch um seine Belange kümmerte! (Wohlgemerkt: Ich beschreibe hier nichts, was objektiv wirklich so war, denn er hat mir viel geholfen, sondern ich beschreibe meine subjektive Wahrnehmung damals, meine frustrierten Empfindungen.) Na, und weil ich mich unverstanden und vernachlässigt fühlte, beobachtete ich meinen Mann mit Argusaugen: Aha, mit dieser oder jener Frau schien er sich ja echt gut zu verstehen! Natürlich, sie strahlte auch Ausgeglichenheit und Freude aus, während ich nur am Nörgeln und Jammern war, Ringe unter den Augen hatte vor lauter chronischer Müdigkeit und mittlerweile nicht mehr so genau auf mein Äußeres achtete, weil ich meinte, dafür keine Zeit mehr zu finden. Ich stolperte also nun auch noch über Eifersucht. Grundlos, wie ich damals schon ahnte.

Das war aber noch nicht alles. Allmählich wurde ich innerlich immer wütender. Ich ärgerte mich in erster Linie über mich selbst, aber nach außen hin war ich schnell ärgerlich auf jedermann, der mir auch nur ansatzweise querkam. Ich fing an, Situationen und Begebenheiten in einem negativen Licht zu sehen. Meine Gedanken waren weitgehend negativ, ich wusste immer schon im Voraus, dass irgendetwas schief gehen würde – und es ging vieles schief, jedenfalls das meiste, hatte ich den Eindruck. Dadurch fühlte ich mich bestätigt, was das Ganze auch nicht einfacher machte.

Ich glaube, manchmal muss es erst so richtig dick kommen, bevor wir in der Lage und willens (!) sind umzudenken. Bei mir war es jedenfalls so. Die vorhin erwähnte Sackgasse bestand darin, dass ich wirklich nicht mehr weiterkam. Und ich wusste auch nicht, wie man umdreht. Ich war in einer Sackgasse, das war mir klargeworden. Ich stand aber zusätzlich auch noch „verquer" da mit meinem Wagen, im Bild gesprochen, so dass ich nicht so einfach drehen und wieder hinausfahren konnte. Auf den ersten Blick war kein Ausweg in Sicht.

Was sollte ich also tun? Ich war unglücklich und unausgeglichen. *So* weiterleben wollte ich nicht. Wie also anders? Dies war der Punkt, an dem sich mein Leben zu wenden begann – damals, als ich am

Ende war und als ich merkte, dass meine negativen Gefühle begannen, mich fertig zu machen. Ich wusste nur eins: Ich wollte eine Veränderung, und ich brauchte dazu einen Impuls von außen.

Ein Buch brachte den ersten Anstoß:

Du musst und du kannst deine ***Einstellung*** *ändern. Deine Lebenssituation kannst du nicht verändern, aber du kannst beeinflussen, wie du mit ihr fertig wirst.*

Hm. Na gut, es nützte ja auch nichts, wenn ich da saß und vor Erschöpfung heulte, mir nur selbst Leid tat und fand, dass ich der bedauernswerteste Mensch auf Gottes Erde sei. Ich fühlte mich von diesen Gedanken bereits total tyrannisiert. Es musste wirklich etwas geschehen – also wohl zunächst in meinem Denken.

Damit hatte sich in mir eine Tür geöffnet, durch die ich nur einzutreten brauchte – hinein in einen neuen Lebensraum.

2. Umdenken – wie geht das?

Und so untersuchte ich für mich folgende Fragen: Was denke ich? Womit fülle ich hauptsächlich meine Gedanken? Und welche Auswirkungen haben diese Gedanken (unbemerkt von anderen, tief in mir drin) auf meine Seele?

Die menschliche Psyche, die Seele, umfasst ja das Denken, Wollen und Fühlen, letztlich alles, was neben dem Geist meine innere Welt ausmacht. Ich habe es selbst in der Hand, womit ich mein Denken nähre. Und das, was „hineingefüllt" wird, kommt auch heraus. Niemand füllt sich ein Glas mit Wasser und erwartet anschließend, dass er Orangensaft daraus trinken wird. So wenig wie diese Umwandlung passieren wird, so wenig werden meine Gedanken sich in andere Worte umformen als die, denen ich Einlass gewährt habe in mein Inneres. Ich werde nichts anderes fühlen oder wollen können als das, was in meinen Gedanken bereits Raum gewonnen hat.

Hier einige meiner ersten Erkenntnisse, die mich neue Schritte in die richtige Richtung tun ließen:

a) Ich habe es selbst in der Hand, womit ich mein Denken nähre. Unser Denken ist dem Wollen und Fühlen übergeordnet, nicht umgekehrt.
b) Bereits in meinen Gedanken beginnen meine Taten und Gefühle Gestalt anzunehmen.
c) Wenn ich missmutige Gedanken wälze, Bitterkeit zulasse und aus dieser Stimmung heraus auch noch ungute Entscheidungen treffe, dann mache ich mich selbst unglücklich.
d) Haben mich meine negativen Gefühle bereits eingeholt und beherrschen mein Handeln und meine Gedanken, dann ist es erst einmal umso schwerer, wieder Positives in meinem Leben zu entdecken.

Bis zu diesem Zeitpunkt hatte ich mich allzu schnell damit entschuldigt, dass ich ja für meine Gefühle nichts könnte. Doch ich musste feststellen, dass das Gegenteil der Fall ist. Ich habe sie zugelassen, letztlich habe ich mich dafür entschieden, indem ich ihnen Raum gegeben habe. – Genauso gut kann ich aber auch etwas gegen bestimmte Gefühle unternehmen! Das habe ich als Chance erkannt. Etwas gegen bestimmte Gefühle zu unternehmen bedeutet, meinen Gedanken eine neue Richtung vorzugeben, andere Perspektiven zu suchen, anzuhören und zuzulassen, kurz: umzudenken. Mit diesem Ansatz begann und beginnt mein persönliches „Aufstehen und Weitergehen“:

Ich kann lernen umzudenken!

Zunächst habe ich mich gefragt: Wem nützt es denn, wenn ich lautstark in Wut ausbreche oder mit Bitterkeit reagiere? Niemandem. Und schaden werde ich in erster Linie immer mir selbst (und oft genug auch noch anderen).

Die Wahrheit über das Denken und Fühlen eines Menschen offenbart sich ja am deutlichsten in Situationen, in denen er unter starkem Druck steht.

- Wenn mich in Stress-Situationen der Ärger regelrecht regiert,
- wenn mir verletzende Worte schnell von den Lippen kommen,
- wenn ich mich immer wieder gekränkt zurückziehe und in Selbstmitleid versinke,
- wenn ich die Schuld eher beim Anderen suche und damit hadere, dass ich scheinbar die Einzige bin, die etwas zur Verbesserung der Lage tut ...

... dann bin ich in der Gefahr, den Blick für die Realität zu verlieren, mich in mich selbst zurückzuziehen und einen eingeengten Blick zu bekommen beziehungsweise zu pflegen, der allen schadet, am allermeisten mir selbst.

Denken wir noch einmal an den Typ Mensch, der sich immer wieder in seinem negativen Gedankengebäude verkriecht und schon vorher zu wissen glaubt, was alles nicht klappen wird. Das Beispiel stammt nicht aus der Theorie; ich selbst habe so lange so gedacht und gelebt, dass es mir selbst schon gar nicht mehr auffiel. Heute weiß ich, wie wertvoll die offenen Worte eines näher stehenden Menschen sind. Mir ist mein Mann zur Hilfe geworden, als ich bereit war, umzudenken und Neues zuzulassen. Er fragte immer zurück: „Wieso soll das schief gehen? Und wenn – was ist so schlimm daran? Es kann genauso gut gehen – und davon gehen wir zunächst einmal aus."

Ganz praktisch: Erste Schritte ...

... mit Menschen

Die ersten Gehversuche in Richtung „nicht immer negativ denken" durch Umdenken setzten natürlich Vertrauen voraus. Vertrauen, dass da jemand ist, der es gut mit mir meint. Sich auf die Suche zu machen nach einem oder mehreren Menschen, die mich gut kennen, mich schätzen und vielleicht sogar lieben, ist ein guter Anfang. Für sie dankbar zu sein, ihnen Aufmerksamkeit zu schenken und vermehrt darauf zu achten, was sie mir durch ihre Worte und auch Taten signalisieren, kann für mich zu einer stützenden und motivierenden Hilfe werden, an mir zu arbeiten. Lasse ich diese Menschen doch einfach meine Gedanken beeinflussen – im positiven Sinne!

... mit der Bibel

Für mich ist es immer wieder zur guten Hilfe geworden, Worte von Gott, Worte aus der Bibel bewusst für mich zu lesen, besonders dann, wenn ich mich von Menschen enttäuscht fühlte. Eine wichtige Warnung ist mir dabei aufgefallen: Im Hebräerbrief (Kapitel 12, 15) steht, dass wir aufpassen sollen, dass in uns nicht eine Wurzel der Bitterkeit aufsprießt. Diese Warnung hat mich veranlasst, darüber nachzudenken, wie das geschieht bei mir ganz persönlich – und was diese Bitterkeit von mir fern halten könnte. Das kann natürlich für jede und jeden anders aussehen. In mir ist jedenfalls zunächst einmal der Entschluss gereift: „Ich will! Ich will meine Seele von Bitterkeit, Sorgen und Selbstvorwürfen immer mehr befreien und – wenn möglich – diese dauerhaft fern halten." Und dann habe ich mir die praktischen Schritte dazu überlegt.

... in meinem Alltag

Dazu gehörte am Anfang zunächst, dass ich lernte, meiner Seele „etwas Gutes zu gönnen".

Das mag für die „Hingabe-Typen" unter uns vielleicht sehr egoistisch klingen. Doch wenn ein Mensch nicht lernt, gut zu sich selbst zu sein und auch sich selbst (und nicht nur anderen) etwas zu gönnen, kann schnell (wieder) das Gefühl des Ausgenutztwerdens und des Ausgebranntseins entstehen.

Was bedeutet es, „sich etwas Gutes zu gönnen"? Es

geht nicht um Einkaufen wie im Rausch, bis das Konto leer ist, Essen, bis die Waage rebelliert oder nächtelanges Fernsehen – das wäre ja auch nicht wirklich „etwas Gutes“, nichts, was auf Dauer gut tut.

Aber wie wäre es mit einem kleinen Extra, das die Seele erfreut – auch noch ein Weilchen hinterher?

Ich rede hier von und zu einem Menschen, der im Alltag nur sehr wenig bis gar nicht in der Lage ist, an sich selber zu denken, und irgendwann völlig ausgebrannt und am Ende ist. Für diesen Mann, diese Frau gilt wie für mich auch:

Finden Sie heraus, was Ihnen gut tut. Oft hilft es schon, einfach etwas anderes zu tun als das tägliche Einerlei, wenn es uns schon nicht möglich ist, einfach mal gar nichts zu tun.

Auch eine gute Testfrage für die sehr Aktiven und Fleißigen: Kann ich das überhaupt – einfach einmal meine Seele baumeln lassen? Ohne schlechtes Gewissen?

Oder erlaube ich es mir nicht, weil die täglichen Anforderungen mich so beanspruchen, dass ein Aussteigen unmöglich erscheint – auch wenn es einmal um eine Viertelstunde für mich selbst geht?

Ich kann mich an einen Tag erinnern, der mir in dieser Richtung auf die Sprünge geholfen hat – und da war es dann einmal mehr als eine Viertelstunde, die nötig war: Ich war wieder mal völlig am Ende. In unserem Haus wurde umgebaut, ständig liefen Handwerker rein und raus, schleppten nassen Dreck herein, wollten auf die Toilette, dazwischen die Kinder, Anrufe von Leuten, die meinen Mann sprechen wollten (der wegen der Renovierung ein paar Tage Urlaub hatte), wodurch er mir pausenlos zu telefonieren schien ... Irgendwann wollten dann die Tränen nicht mehr aufhören zu laufen. Morgens begann es – und mittags um 14.00 Uhr heulte ich immer noch und konnte nicht aufhören.

Da schob mich mein Mann kurzentschlossen zum Aufmöbeln ins Bad, drückte mir ein paar Scheine in die Hand und brachte mich anschließend zur Tür mit den Worten: Geh 'ne Tasse Kaffee trinken, entspann' dich, ich passe auf die Kinder auf. Kauf dir vielleicht was Hübsches oder was Verrücktes, aber bleib länger als zwei Stunden weg!"

Und ich? Man stelle sich vor: Ich wollte nicht! Nein, bloß nicht, die Kinder könnten mich ja brauchen, und außerdem hatte er selbst auch genug zu tun. Das konnte ich doch nicht annehmen! Es half nichts – ich stand bereits vor der Tür. Rausgeschmissen.

Und ... Es wurde ein entspannter Nachmittag. Erholt, mit neuer Energie und neuem Mut kam ich zurück – und freute mich sogar auf die Arbeit, von der ich wusste, dass sie unweigerlich da sein würde.

Von da an wusste ich, dass für mich kurzzeitiges Aussteigen eine Möglichkeit ist, wieder aufzutanken.

Keine Frage: Es ist ganz normal, dass immer wieder Phasen kommen werden, in denen wir uns völlig hilflos und der Situation ausgeliefert fühlen, in denen wir an unsere Grenzen stoßen und einen Anstoß von außen brauchen, um uns selbst wieder zu finden.

Wenn es jemanden gibt, der ab und zu fragt (vor

allem, wenn es „kriselt“ bei mir): „Was würdest du jetzt am liebsten machen?“, dann hilft mir das auf die Sprünge und erinnert mich daran, auch für mich selbst zu sorgen.

Was tut mir gut – wissen Sie, was Ihnen gut tut?

Bei mir sind es ganz einfache Dinge wie Singen (am liebsten mit anderen zusammen), einfach mal rausgehen oder aber auch am helllichten Tage eine Stunde schlafen, wenn gar nichts mehr geht.

Mich kennen zu lernen, das zu entdecken – das waren meine ersten Schritte, die mir halfen, wieder Freude am Alltag zu finden oder sogar dankbar zu sein für das viele Gute und gar nicht Selbstverständliche in meinem Leben, in meiner Lebenssituation.

Heute weiß ich, das sind für jeden Menschen wichtige Schritte in die richtige Richtung: die Gedanken wieder mit Angenehmem zu füllen, wieder gute Gedanken zu denken ..., um erstaunt festzustellen, dass man sich dann auch besser fühlt.

Wie gesagt, für mich war einiges notwendig, um wieder neu ein Gefühl für mich und meine tiefsten Bedürfnisse zu bekommen. Doch das reichte nicht aus, meine ausgetrocknete Seele wieder satt und zufrieden zu machen. Mir wurde klar, dass ein guter Prozess begonnen hatte, dass ich jedoch erst ganz am Anfang stand.

So kam der Moment, in dem ich mich das erste Mal seit langer Zeit wieder ganz konkret an Gott wandte. Ich hatte ihn vorher nicht vergessen. Nein. Aber ich hatte ihn bewusst oder unbewusst eher auf die Anklagebank verbannt, weil er mir ganz offensichtlich nicht half – jedenfalls nicht so, wie ich mir das vorstellte.

3. Die Chance Gottes in meinem Leben

Ein weiteres Schlüsselerlebnis

Ich wollte also meine Gedanken wieder mit „Gutem" füllen, von dem ich hoffte, etwas für mich entdecken zu können. Und so las ich in der Bibel. Nicht irgendetwas darin las ich, sondern die Psalmen, immer wieder und laut las ich sie, die Jubel- und auch die Klagelieder von Menschen, die Gott ihr Herz ausschütteten – und ich fing an bei den Psalmen Davids, die aus der Not, im Unglück, in der Depression geschrieben worden waren. Ein passender Einstieg, aber in diesem Fall half das nicht auf Anhieb; meine Gedanken waren offenbar noch zu voll mit anderen Dingen.

Aber – ich hörte dadurch auf, abends, wenn ich alleine war, mich durch Fernsehen abzulenken. Jetzt las ich Psalmen. Ich merkte, dass mich nicht alles ansprach und ich auch nicht alles verstand. Doch bald gab es Textstellen, die zu meinen Lieblingstexten wurden. Ich fühlte mich verstanden und angenommen – durch Gott, meinen Vater im Himmel, z.B.:

Wer dem Herrn vertraut, ist wie der Berg Zion;
er steht fest und unerschütterlich.

(Psalm 125,1; „Hoffnung für alle")

Das wollte ich: fest stehen wie ein Berg, nicht

immer wieder umfallen! Hier wurde mir gesagt, dass das mit Vertrauen Gott gegenüber zu tun hat.

Glücklich ist jeder, der dem Herrn gehorcht und nach seinen Weisungen lebt! Was du dir erarbeitet hast, wirst du auch genießen können.
(Psalm 128,1-2)

In diesem Text wird mir Glück, Erfüllung zugesagt. Das war es doch, was ich suchte! Und dazu brauchte ich nur nach den Weisungen Gottes zu leben, also herauszufinden, was er für mein Leben will. Okay, dachte ich, das könnte man doch versuchen, oder?

Von allen Seiten umgibst du mich
und hältst deine schützende Hand über mir.
(Psalm 139,5)

Schutz, das war auch genau das, was ich brauchte. Eine schützende Hand, die Dinge von mir abhält, die mir schaden können. Eine schützende Mutterhand wird das Kind festhalten, wenn sie die Gefahr erkennt, die dem Kind droht. Also gibt es da eine Hand, die mich halten will, wenn ich stolpere. Die mir wieder aufhilft, wenn ich hingefallen bin. Die auf jeden Fall da ist, weil ich sie brauche.

Ich habe gelesen, weitergelesen ... und ich habe ganz neu begonnen, zu dem Gott eine Beziehung aufzubauen, der mich besser kennt als ich mich selber. Der auch eine andere Sichtweise hat als ich. Diese Sichtweise zu entdecken ist gar nicht so schwer!

Um das Ergebnis vorweg zu nehmen: Gottes Sichtweise hat mich mehr und mehr befreit: von aller Einengung, von Scheuklappen und vorgefassten Meinungen. Und das kann jedem so gehen wie mir: Gottes Sichtweise befreit uns von eigenen und fremden falschen Einreden. Sie befreit uns und gibt genau die innere Freiheit und innere Sicherheit, die man sonst ein Leben lang vergeblich woanders sucht.

Eine neue Sicht vom Leben, von mir selbst, von anderen, von Gott – für mich begann sie durch eine neue Offenheit, ein verändertes Denken und dadurch zunächst kleine Veränderungen im Verhalten, über die ich heute mehr als froh bin: Mein Lebensgefühl ist ganz anders geworden. Es hat sich gelohnt!

Ein Neubeginn

So änderten sich mit der Zeit mein Denken, meine Gefühle und mein Wollen. Ich kam zu dem Schluss, dass mein Leben ohne die Hilfe und Fürsorge Gottes der Willkür meiner Gefühle und Gedanken unterworfen geblieben wäre und ich es realistisch betrachtet auf Dauer nicht schaffen würde, mich immer wieder am eigenen Schopf aus dem Sumpf zu ziehen – meine dauerhaften Verstimmungen und immer enger werdende Sicht waren ja ein deutliches Signal dafür.

Das zu erkennen war Gottes Chance. Gott hat immer dann eine Chance bei uns, wenn wir unsere Ohnmacht eingestehen – uns selbst und ihm, wenn wir zutiefst erkennen, dass unsere Kraft nicht ausreicht. In dieser zutiefst erkannten Ohnmacht fragte ich also Gott, was zu tun sei. Die in den Raum gestellte Frage, die vielleicht mancher Leser, manche Leserin kennt: „Wenn es dich wirklich gibt, Gott, dann ..." war der Beginn einer neuen Beziehung zu dem, der mich bereits kannte, ohne dass ich seine Nähe bis zu dem Zeitpunkt in dieser Weise wahrgenommen hatte.

Ich bin durchaus mit der Sicherheit aufgewachsen, dass es einen Gott gibt und dass er bereit ist, für mich zu sorgen. Doch diese Sicherheit hat sich in meinem Alltag immer wieder verloren. Oft war ich mir dessen gar nicht mehr so sicher.

Und ich habe dann ziemlich schnell gemerkt, dass es nötig ist, an der Beziehung zu ihm zu arbeiten, so, wie ich für jede Beziehung etwas tun kann und tun muss, wenn ich möchte, dass sie gelingt. Und auch das ist mit Gott nicht anders als mit lieben Menschen: Beziehung lebt von Kommunikation und Zusammensein, von Kennenlernen und Vertrauen.

Ich kam zurück zu meiner Frage: „Wenn es dich wirklich gibt, Gott ..." und bat konkret: „Zeige mir, was ich tun kann. Ich will so nicht weiterleben. Das ist nicht nur anstrengend, sondern zeitweise erniedrigend und demütigend. Wenn ich dich richtig verstehe, dann willst du das nicht. Okay, dann sag mir bitte, was du eigentlich willst und wie du dir ein gutes Leben für mich vorstellst."

Sie ahnen es schon: Ich habe natürlich keine hörbare Antwort oder einen Zettel vom Himmel erhalten. Aber in meinem Denken geschah etwas: Ich begann wieder oder vielleicht überhaupt das erste Mal ganz bewusst damit zu rechnen, dass da jemand ist, der mir helfen will. Wie auch immer. Und diese wachsende innere Sicherheit war der Grundstein für alles, was danach geschah.

Eine persönliche Kraftquelle

Oft erlebte ich meine Tage so, als müsste ich ganz schnell alle meine Kraft einsetzen – aus Angst, ich könnte morgen nichts mehr davon übrig haben. Diese Angst kann ein schlechter Ratgeber sein, aber eine gewisse Gefahr besteht tatsächlich. Nicht umsonst gibt es so viele ausgebrannte Menschen, gerade auch unter uns Frauen. Für mich ist es wichtig zu wissen, dass mein innerer Akku regelmäßig aufgeladen werden muss, wenn ich nicht leer- und totlaufen soll. Und ich bin gut dran, wenn ich weiß, wo ich die Kraftquelle für zuverlässige innere Energie finde.

Ich hatte, wie gesagt, über meine Beziehung zu Gott, meinem Vater im Himmel, nachgedacht. Diese Beziehung ist in der darauf folgenden Zeit zu meiner ganz persönlichen Kraftquelle geworden.

Und das war gut so. Denn natürlich sind auch nach einer Phase des Umdenkens und einem erneuerten Fühlen und Handeln nicht einfach alle Probleme verschwunden. Bis heute erlebe ich immer wieder, dass mich mein Alltag an meine Grenzen bringt und ich das Gefühl habe, am Nullpunkt zu sein. Dann zu meiner Kraftquelle zu kommen, aus der Beziehung mit Gott Kraft zu schöpfen, ist nicht nur wohltuend, sondern meine effektivste Möglichkeit, um neu aufladen und weitergehen zu können.

Wie sieht das aus, zur „Kraftquelle“ zu kommen?

Ich denke, wie wir Menschen unterschiedlich im Wesen und unterschiedlich geprägt sind, so gibt es unterschiedliche Möglichkeiten, Gott zu begegnen. Die Ausdrucksformen von Frömmigkeit und das persönliche Erleben einer Gottesbegegnung können so vielfältig aussehen!

Was aber allen gemeinsam ist: Wer Gott begegnen will, betet zu ihm. Ich nenne das Gebet zu meinem, zu unserem Vater im Himmel gerne Kommunikation, weil dieses Wort ausdrückt, dass das keine einseitige Sache ist: Es gibt ein Anreden, ein Ansprechen und ein Antworten. Gebet ist keine Einbahnstraße.

Diese Art der Kommunikation läuft nicht nur über laut ausgesprochene Worte. Meine Kommunikation mit Gott jedenfalls geschieht auf vielfältige Weise: zunächst und überwiegend in meiner Gedankenwelt. Dort ist mir, je länger desto mehr, einfach Gottes Gegenwart bewusst und seine Nähe. Mit ihm kann ich dauerhaft rechnen. Ich glaube, dass er durch Jesus Christus in mir lebt, auch wenn ich mir dessen nicht ständig bewusst bin.

Auf einer anderen Ebene begegne ich Gott als Kommunikationspartner, indem ich mich mit dem, was er zu sagen hat, beschäftige – und das finde ich in der Bibel. Aussagen über ihn und von ihm machen mir seinen Willen deutlich und lassen mich seine liebevollen Absichten mit mir erkennen.

Weiter begegne ich dem Reden Gottes in den Worten anderer Menschen. Das kann sowohl durch eine Predigt oder einen guten Vortrag geschehen oder durch ein direkt an mich gerichtetes Wort der

Ermutigung oder Ähnliches, von dem ich für meine Situation erkenne, dass Gott mir damit etwas sagen will – das ist ein Werk des Heiligen Geistes.

Ich habe im Laufe der Zeit festgestellt: Je länger ich mich in meinem Denken mit Christus in mir beschäftige, desto mehr hat das positive Auswirkungen auf mein Gefühlsleben und mein Handeln.

Diese gedankliche Beschäftigung ist im Übrigen nichts Kompliziertes. Es geht nicht darum, irgendein geistliches Programm einzuüben, bei dessen Nichterfüllung ein ungutes Gefühl von Unzulänglichkeit und Schuld zurückbleibt. Das ist nicht Gottes Absicht. Im Gegenteil. Hier kann jeder mit Gottes Hilfe seinen eigenen Weg finden. Für mich selber weiß ich, dass ich hier Grenzen habe. Mir diese Grenzen einzugestehen war ebenfalls ein wichtiger Schritt auf dem Weg zu einem erfüllten Leben.

Eine meiner Lieblingsstellen in der Bibel stammt von Paulus. Er schreibt von seinem Versagen, seiner Schwachheit und davon, dass er immer wieder damit gerungen hat, sich eingestehen zu müssen, dass er bestimmte Begrenzungen hat. Und dann sagt er, dass Gott ihm auf seine Frage, warum diese Schwäche nicht verschwindet, eine Antwort gegeben hat:

Aber er hat zu mir gesagt:
Verlass dich ganz auf meine Gnade.
Denn gerade wenn du schwach bist, kann sich meine Kraft an dir besonders zeigen.
(2. Korinther 12,9)

Meine Grenzen sind nicht das Maß aller Dinge. Ich soll unter meinen Grenzen nicht dauernd leiden, sie aber auch nicht einfach ignorieren: Gottes Kraft kann und soll in mir wirken, ihm und seiner Kraft soll ich Raum geben – und dann kann ich auch mit meinen Grenzen „gesund“ umgehen (lernen). Wie das geschehen kann?

Das Entscheidende ist die Offenheit, mir selbst und Gott gegenüber einzugestehen, dass ich seine Hilfe brauche. Dass ich es leid bin, zu stolpern und hinzufallen, ja mich zu verletzen.

Diese Art Bestandsaufnahme macht es möglich, ein Ja zu Gottes Hilfe zu sagen, seine Kraft in meinem Leben zu erfahren – und über dieses sichtbare Zeichen seiner Macht und seiner Nähe dankbar und entspannt leben zu lernen ... und oft auch wesentlich ausgeglichener.

4. Was Dankbarwerden und Neu-Anfangen-Können miteinander zu tun haben

Mein Leben bekommt Perspektive

> „*Gehört jemand zu Christus* (sprich: lebt in Beziehung mit ihm), *dann ist er ein neuer Mensch. Was vorher war, ist vergangen, etwas Neues hat begonnen.*“
>
> (2. Korinther 5,17)

Etwas Neues fängt an, fängt immer wieder an im Leben mit Gott. Nein, das garantiert kein immer währendes Glücksgefühl. Aber Gott gibt mir Lebensziele und er hilft mir, so zu leben, dass es anderen und auch mir gut tut – und ihm Ehre macht.

Da gibt es einmal das große Ziel, dass ich von ihm erwartet bin – über den Tod hinaus. Und da sind zum anderen die vielen kleinen Ziele, hier und jetzt Aufgaben zu sehen und anzupacken.

Gott ist für mich derjenige, der mein Leben lenkt und dem ich es verdanke, dass ich Perspektiven habe. Ich glaube und ich erlebe es, dass er als mein Schöpfer das Beste für mich will und eine gute Idee für mich hat, wie ich mein Leben ausgeglichen und zufrieden leben kann. Genauso weiß ich, dass die bereits angesprochenen Verhaltensweisen wie Selbstmitleid, Neid, unkontrollierter Ärger und Eifersucht auf Dauer zu einer Art Selbstzerstörung führen. Denn ein aufgrund von Neid und Eifersucht bitter gewordenes Herz wird hart, es verlernt zu lieben. Wir werden daran erinnert in einem der Briefe des Neuen Testamentes:

Wir sollen uns von unserem alten Leben, dem „alten Menschen" mit all seinen trügerischen Leidenschaften endgültig trennen und uns nicht länger selbst zerstören. Gottes Geist will uns mit einer völlig neuen Gesinnung erfüllen.

Ihr sollt den „neuen Menschen" anziehen,
wie man ein Kleid anzieht.
Diesen neuen Menschen hat Gott selbst nach seinem Bild geschaffen; er ist gerecht und heilig, weil er sich an das Wort der Wahrheit hält.

(Epheser 4, 22-24)

„Ihr sollt euch ... nicht länger selbst zerstören", das ist der eine Wunsch Gottes, der uns als seine geliebten Kinder zu gerne beschützen will, auch vor uns selbst. Es liegt an uns, wieweit wir das zulassen. Wie lange halte ich es aus, immer die Starke zu sein, vielleicht sein zu müssen? Bin ich bereit, Gottes Hilfe zuzulassen, oder lege ich diese Gedanken als Schwäche aus, was ich nicht gut zulassen kann, weil ich nicht schwach sein will?

Der andere Wunsch Gottes, der in diesem Textabschnitt angesprochen wird, besteht darin, uns eine neue Gesinnung zu geben. Hinter dieser Formulierung steckt für mich der Gedanke des Umdenkens. Wie bekommt man eine neue Gesinnung?

Nur indem ich mich auf den Weg des Umdenkens einlasse und die guten Gedanken Gottes in meinem Leben zulasse.

Eine neue Gesinnung

Das habe ich erlebt und möchte darum auch an dieser Stelle meine eigene Geschichte bis zu ihrem vorläufigen Ende erzählen:

Ich kann heute – weil alles schon einige Jahre her ist – nicht mehr genau sagen, in welcher Reihenfolge dann was passiert ist. Aber etwa zu dieser Zeit, als ich begriff, dass sich etwas bei mir ändern musste, und ich begann, meine Gedanken mit für mich guten Worten aus der Bibel zu füllen, begann zum einen das Umdenken, zum anderen entstand eine neue Gesinnung. Ich lernte etwas, das es in meinem Leben bis dahin nur gegeben hatte, weil ich es aus Pflichtgefühl getan hatte: Ich lernte, mich bei Gott zu bedanken. Ich bedankte mich bei ihm für jede kleine positive Veränderung, die sich in meine Gedanken einnistete. Anfangs tat ich das sehr zaghaft, aber aus tiefstem Herzen, auf Dauer immer intensiver und überzeugter. Denn aus der Haltung des Dankens, der Dankbarkeit entstand wiederum etwas, womit ich nicht gerechnet hatte: Das Danken veränderte mein Denken. Das, was ich zunächst in mühsamer Kleinarbeit begonnen hatte, nämlich umzudenken, geschah nun fast von allein.

Deshalb würde ich heute das Danken als einen möglichen Schlüssel bezeichnen, der mir einen neuen Zugang zu Gott erschlossen hat. Durch Danken habe ich Freude erfahren darüber, dass ich da bin, dass Gott mein Leben in seinen Händen hält und dass ich in seiner Nähe leben darf.

Es hat auch eine Zeit gegeben, in der ich mich gefragt habe: „Wofür kann ich schon danken? Mir geht es wirklich nicht besonders gut. Weder Freunde noch Familienangehörige haben das richtige Gefühl dafür, wie sie mit mir umgehen sollen."

Aber bei näherem Hinsehen gibt es eine Reihe von Dingen, Situationen und Lebensgefühlen, für die ich dankbar sein kann: Ich kann dafür danken, dass meine Hände gesund sind und ich damit helfen und geben kann; dafür, dass ich mit meiner Stimme und meinen Worten andere Menschen ermutigen und trösten kann; dafür, dass ich jemandes Freundin sein darf; und auch dafür, dass Gott bei mir ist, egal, in welcher schwierigen Lebenssituation ich auch stecken mag.

Das „Danke sagen“ hat mich zu einem ganz neuen Lebensgefühl gebracht, das immer mehr von Dankbarkeit geprägt worden ist.

In jener Zeit habe ich auch begonnen, mich auf die Person Gottes selbst zu konzentrieren, zu fragen, wer er ist, was er möchte, was er mit mir vorhat. Ihn einfach kennen zu lernen.

Wenn wir jemanden kennen lernen, einen Menschen, der uns gefällt, dann wollen wir erst mal ganz viel von ihm wissen. Wir treffen uns oft mit ihm, um in seiner Nähe seine Reaktionen zu erleben, das Zusammenspiel seiner Worte und Handlungen verstehen zu lernen, ihn zu beobachten, wie er sich verhält.

Verändertes Handeln

Das ist mit dem Kennenlernen Gottes nicht anders. Meine Seele beginnt, sich mit meinem Denken und in meinen inneren Wahrnehmungen auf Gott einzustellen. Und ich merke, wie sich im Zusammenspiel mit dem Leib, dem Körper, eine Ganzheit bildet.

Nachdem sich mein Denken verändert hatte, änderte sich teilweise auch gleichzeitig mein Handeln. Wütende Äußerungen gingen mir nicht mehr so leicht über die Lippen, neidische Seitenblicke versuchte ich zu vermeiden, indem ich bereits den Gedanken möglichst entlarvte. Ich begann, dem Selbstmitleid auf die Schliche zu kommen und es nicht zuzulassen – alles im Zusammenspiel mit den guten Gedanken Gottes, den ich auf diese Weise immer besser kennen lernte.

Jeder, der sich entsprechend auf dem Weg, diesem Weg, befindet, wird es bestätigen können: Auch das Gefühl zieht nach. Glaubte ich früher, ohnmächtig zu sein gegen das Gefühl der Wut oder des Selbstmitleids, so kann ich heute dankbar feststellen, dass das tiefere Wissen um die Macht und Gegenwart Gottes diese Ohnmachtsgefühle kaum noch oder gar nicht mehr zulässt.

Die Abstände zwischen diesen Stolperaktionen vergrößerten sich. Eines Tages konnte ich dann feststellen: Nanu, irgendwie lässt mich eine mir bekannte Situation ja inzwischen völlig kalt. Ich bin jetzt gar nicht neidisch darauf, wenn jemand von etwas Schönem berichtet. Ich freue mich vielmehr mit ihm! Und ich muss mich ja gar nicht bedauern, wenn mich jemand gekränkt hat, sondern kann ihm durch die Kraft, die Gott mir schenkt, vergeben.

Doch es gibt bis heute immer wieder Momente, in denen ich merke: Oha, das hat jetzt erst mal gesessen. Aber ich erkenne recht schnell die „Stolper-Gefahr" und meinen „Stein des Anstoßes", z. B. das Selbstmitleid. Und in diesem Moment kann ich frei und offen damit umgehen. Dann bitte ich Jesus z.B. einfach für denjenigen, der mich gekränkt und verletzt hat. Vielleicht kann ich sogar zu dem Anderen gehen und mit ihm über die Situation reden. Das wird sich durch die Sache ergeben. Wichtig ist: Ich muss nicht mehr bitter werden vor Selbstmitleid, ich brauche nicht mehr wütend zu werden oder andere ungute Gefühle gegen jemanden zu entwickeln.

Dankbarkeit Gott gegenüber und eine wachsende Beziehung zu ihm werden also nicht ohne positive Folgen für unser Leben bleiben. Dankbar werden verändert die Sicht der Dinge hin zu Gottes Sichtweise. Und Gottes Sichtweise ermöglicht es, nicht den Überblick zu verlieren, sondern in aller Ruhe meinen Weg zu gehen, in der vertrauensvollen Gewissheit, dass Gott bei mir ist, auch wenn wieder einmal ein Stolperstein auftaucht. Gott wird dafür sorgen, dass ich entweder gar nicht erst stolpere oder falle, oder, sollte es doch geschehen, mir liebevoll wieder aufhelfen und mit mir weitergehen.

Ich möchte all denen Mut machen, die das bisher noch nicht so gesehen haben. Ich denke nicht, dass es Patentrezepte zum Glücklichsein gibt, aber ich glaube, dass es einen lebendigen Gott gibt, der für uns ein erfülltes Leben vorgesehen hat, das uns aus unserer Mittelmäßigkeit herausführen und uns frei machen will von den Zwängen, denen wir uns oft ausgeliefert fühlen. Und der uns seine Größe erahnen lässt durch die Weite, die wir in der von ihm geschenkten Freiheit erleben.

Holpern und Stolpern haben dann ihren Schrecken verloren. Vielmehr wird mein Blick immer öfter und wesentlich auf das Weitergehen gelenkt. Damit hat mein Leben Perspektive und ist zielgerichtet.

5. Zum guten Schluss

Dagegen bringt der Heilige Geist (Gottes) in unserem Leben nur Gutes hervor: Liebe und Freude, Frieden und Geduld, Freundlichkeit, Güte und Treue, Besonnenheit und Selbstbeherrschung. Ist das bei euch so? Dann braucht ihr kein Gesetz zu fürchten! (Galater 5,22.23)

Durch den Heiligen Geist ist Gott bei uns, redet zu unserem menschlichen Geist und hilft uns in unserer Schwäche weiter. Wer lernt, sich auf diese Kraft Gottes zu verlassen, erfährt: Ich bin angenommen, so wie ich bin. Ich bin geliebt, so wie ich bin. Ich muss meinen Wert und meine Taten nicht von anderen Menschen, ihrer Anerkennung und ihrem Wohlwollen abhängig machen.

Andererseits bin ich mir sicher: Wenn wir in dieser Freiheit unser Leben mit allen seinen Hochs und Tiefs aus der Kraft leben, die Gott gibt, wird das nicht unbemerkt bleiben. Die Menschen um uns herum werden merken, dass bei uns etwas anders ist oder anders geworden ist. Und das hat Auswirkungen. Denn Menschen, die positiv reden, wirken anziehend. Menschen, die immer wieder ein Wort der Anerkennung übrig haben, werden selbst Zuwendung bekommen. Man ist gern mit ihnen zusammen, weil ihre Worte und ihre Haltung ausdrücken: Ich lebe gerne. Ich habe eine Kraftquelle, aus der ich lebe, auch und gerade wenn die Wegstrecke einmal holperig ist. Und ich habe etwas davon abzugeben.

Literaturnachweis

1 Gary Chapman, Die andere Seite der Liebe, Ärger Wut und Zorn – Wie „negative" Gefühle zur positiven Kraft werden, Brunnen Verlag Gießen, 2000.

2 ebd., Kapitel 6.

3 Sigmund Freud, zitiert in: Anna Roming, Der Eifersucht entgeht niemand, in: Psychologie heute, Heft 5, Mai 1997, S. 20–25, hier: S. 23.

4 ebd., S. 24.

5 Wolf Jordan, Die Eifersuchtsfalle, Herder Verlag Freiburg, Basel, Wien, 1996.

6 Claudia Mühlan, Du schaffst es!, Gerth-Medien, Asslar, 1993, S. 16–20.